图像里的古埃及

古埃及神灵简史

〔英〕海伦·斯特拉德威克 总编辑
刘雪婷 谭琪 等译

上海科学技术文献出版社
Shanghai Scientific and Technological Literature Press

图书在版编目（CIP）数据

古埃及神灵简史 /（英）海伦·斯特拉德威克总编辑；刘雪婷等译．—上海：上海科学技术文献出版社，2021
（图像里的古埃及）
ISBN 978-7-5439-8229-1

Ⅰ．①古…　Ⅱ．①海…　②刘…　Ⅲ．①神—埃及—古代—通俗读物　Ⅳ．① B933-49

中国版本图书馆 CIP 数据核字 (2020) 第 239179 号

策划编辑：张　树
责任编辑：苏密娅
封面设计：樱　桃

古埃及神灵简史
GU'AIJI SHENLING JIANSHI
[英]海伦·斯特拉德威克　总编辑　刘雪婷　谭　琪　等译
出版发行：上海科学技术文献出版社
地　　址：上海市长乐路 746 号
邮政编码：200040
经　　销：全国新华书店
印　　刷：常熟市文化印刷有限公司
开　　本：720mm×1000mm　1/16
印　　张：11.75
版　　次：2021 年 1 月第 1 版　2021 年 1 月第 1 次印刷
书　　号：ISBN 978-7-5439-8229-1
定　　价：68.00 元
http://www.sstlp.com

目录

CONTENTS

序

古埃及的宗教、那些有着兽头的神灵和复杂的庙宇结构，在当代人眼中颇为神秘。对来世的坚信使古埃及人将尸体制作为木乃伊，这看上去也很新奇。古埃及的神灵通常来源于自然界，比如太阳、月亮或鳄鱼，这些神灵有着复杂的组合，很难对他们下定义。以前他们只是主宰某领域的神，随着时间的推移，他们逐渐为大众所接受。

古埃及的寺庙是神灵居住的地方，祭司作为神仆悉心照料寺庙。寺庙的财产可供建造神坛、提供祭司的食物。

在特别的节日里，神像可能被搬出寺庙，人们列队缓慢地在陆上搬运，或通过水路搬运，使这些神灵造访其他地方。这是平常人见到当地神灵的千载难逢的机会。

古埃及人的家中供奉着祈福丰收和生育的神。他们相信每个人死去后都会有来生，一个人的来生包括不同部分："卡"(Ka)、"拔"(Ba)和"阿赫"(Akh)。"卡"是一个人最重要的特质，通常以人形出现，墓中的人形雕像就是墓主人的"卡"雕像；"拔"常以一只人头鸟的形状出现，时常守在死者的木乃伊旁，有时也可飞到墓室外去，可以说是人死后的形象；"阿赫"则常以一只鹭鸶鸟的形象出现，代表经过转化后的灵魂，可以和神明共处。古埃及人要花费大量的的时间和金钱为来生做准备，他们将尸体制成木乃伊，以便灵魂可以归来合而为一，获得永生。

▲ **神圣的符号**

米恩（Min）神，丰收之神，是古埃及最重要的神灵之一。这具做成木乃伊的尸体被封存在富丽堂皇装饰的石棺中，就像在图坦卡蒙（Tutankhamun）墓中发现的一样（右上图）。右下图的这个小模型是寺庙的保护墙

埃及的神

古埃及人信奉许多的男神和女神，每个神都有不同的角色和作用，还有大量的神话创作。

对埃及人来说，宇宙中神圣的自然以多种方式呈现。比如他们的神，能以动物的外貌出现，说明了所有生命形式都可以是神的表达形式。大气、河流、森林，诸多自然的元素，都成为神的化身。比如努特（Nut）女神代表天空，哈比（Hapy）男神则是代表尼罗河洪水的神。

▼ **混合诸神的雕像**

太阳崇拜是古埃及宗教的重点因素之一。太阳神拉，有着数不清的形象，包括拉－赫拉克提（Ra–Horakhty），就是拉和赫鲁斯（Horus）的组合像

神的形象

古埃及神通常有多种化身，并且能以不同方式现身。比如托特（Thoth）神与月亮的运转和能量有关，但更为人所熟知的是，他司职写作、象征智慧，被描绘为有个鹭鸶或狒狒的头。

把两个或多个神组合成一座塑像的方式，也是古埃及宗教的主要特点。阿蒙（Amun）和拉（Ra）这两个最重要的神被熔铸为阿蒙–拉（Amun-Ra）。在托勒密时期（公元前305—公元前30，Ptolemaic Period），托勒密一世（Ptolemy I，公元前305—公元前285年在位）创造了塞拉皮斯（Serapis），他是希腊的宙斯（Zeus）和赫利俄斯（Helios）、埃及的欧西里斯（Osiris）与阿毕斯（Apis）的结合体，这可能缘于一场整合政治和文化的运动。

知识窗

欧西里斯，来生的神

和太阳神拉并列，欧西里斯是掌管死亡的主神，是万神殿最重要的神之一。在古埃及神话中，欧西里斯被他魔鬼般的兄弟塞特（Seth）杀死，尸体被割成14块并分散在埃及各地。欧西里斯的妻子伊西斯（Isis）寻找并把尸体收集起来，制成木乃伊后复活了他。

在古王朝时期（公元前2686 —公元前2181），已故的法老与欧西里斯有了关联，因为他会和这位被谋杀的神一样经历复活。然而在第一过渡时期（公元前2181—公元前2055），平民也能像欧西里斯一样复活，好似一种“来生的民主化”。木乃伊制作使尸体尽可能地形似欧西里斯，希望以此确保地下世界永恒的生命。

欧西里斯主持来世的称心仪式。在这仪式上，死者先作出负面供认，发誓他们没作过罪恶名单上的任何罪行。接着他们的心和玛特女神（Maat）化身的羽毛放在天平两端，羽毛代表真理与和谐。欧西里斯裁判仪式结果，决定死者是否可以获来生。

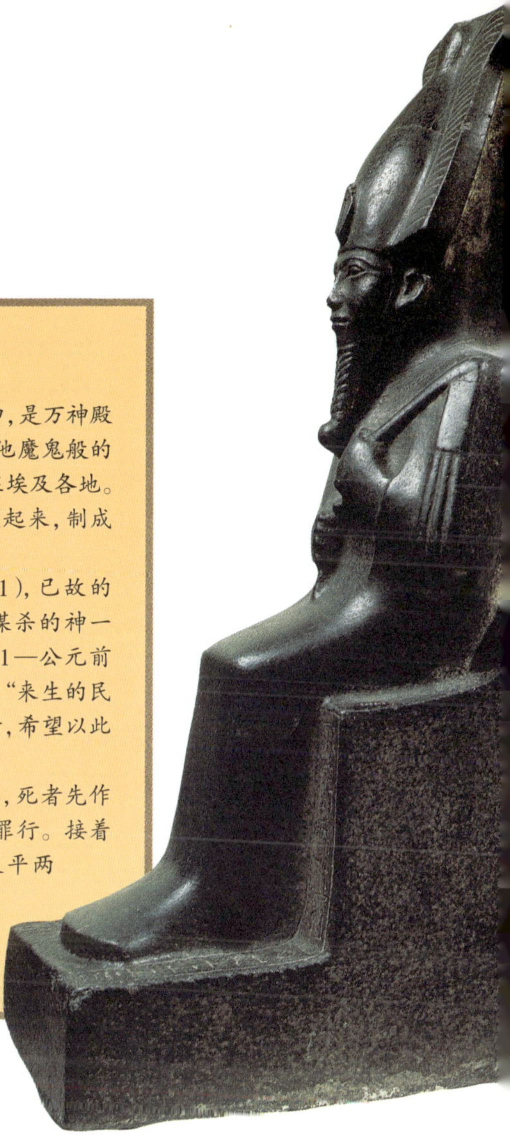

世界的起源

与他们宗教的复杂多样性相一致，古埃及人有几种创世说法。这些创造性的神话在乡村主要祭祀中心发展壮大，通常集中反映在当地的扮演神的角色上。

世界的终结

古埃及神话很少提及终极灭亡的概念。当说到灭亡时，是指一场启示性的毁灭，接着轮回到时间开始之前，只有原神阿托姆（Atum）和欧西里斯存在。

▶ **孟菲斯神系（the Memphite theology）**

孟菲斯人关于创世的说法可以从一块第二十五王朝（公元前747—公元前656）的玄武岩石板的浮雕上看到。根据这块沙巴卡石，孟菲斯人创造了布塔神（Ptah），念出万物之名，万物随即出现

赫里奥波利斯神系（Heliopolitan theology）

根据赫里奥波利斯的传说，太阳神阿托姆给予风神休（Shu）和雨水之神泰芙努特（Tefnut）生命，男神休和女神泰芙努特孕育了大地之神盖布（Geb）和天空之神努特。赫里奥波利斯神话的最后几位是盖布和努特的后裔，欧西里斯、伊西斯、塞特和奈芙蒂斯（Nephthys）。

▼ **底比斯神系（the Theban theology）**

中古时期，随着底比斯僧侣在政治上的影响力越来越大，当地的阿蒙神变得越来越重要。底比斯神话认为阿蒙神是所有神的力量之源，是真理，是宇宙原神，能创造其他神

▲ **赫尔莫波利坦神系（the Hermopolitan theology）**

前王朝上埃及区的（Upper Egypt）赫尔莫波利斯玛格纳［Hermopolis Magna，又叫"火中之城""八神城"，现称埃尔 阿世姆内恩（El-Ashmunein）］。在创世神话中，有八位主神负责创世。努恩和纳乌奈特（Nun and Naunet）代表水神，阿蒙和阿蒙奈特（Amun and Amaunet）代表隐含的力量，赫荷和海特（Heh and Hauhet）代表无限，库克和库克特（Kuk and Kauket）代表黑暗。这八位主神组合在一起，产生了生命。赫尔莫波利斯玛格纳也是月亮神托特的祭祀地，他掌管着智慧与写作

埃及主神

▶ 阿蒙（Amun）

阿蒙最初是古埃及底比斯的地方神，后于中古时期（公元前2055—公元前1650），因底比斯的兴起而获得埃及众神中主神的地位。他常常被描述为一位男子，头戴饰有两根羽毛的王冠，或是长着公羊的头。他在众神中的重要性很大程度上是由于他与其他神通广大的神的结合。通过与太阳神拉的结合，他成为阿蒙－拉，与生产及丰收之神米恩结合，他成为阿蒙－米恩（Amun-Min）。他作为与妻子姆特（Mut）、儿子孔斯（Khons）一家三神之主，在底比斯受到崇拜，同样他还被看作赫尔莫波利斯玛格纳创世神话的八神之一受到崇拜。作为空气和隐藏力量的化身，他代表着一种维持宇宙存在的元素。卡纳克（Karnak）神庙——保存最好的新王朝时期（公元前1550—公元前1069）宗教建筑群，就是献给阿蒙的

▲ 阿努比斯（Anubis）

阿努比斯被描述为一只豺，或人身豺首。他是一位死神，与木乃伊的制作或尸体防腐处理过程有密切关系。那些戴着豺面具进行木乃伊制作或保存尸体仪式的法老被认为是扮演着阿努比斯神的角色。在《死亡之书》（*The Book of the Dead*）中，阿努比斯的职责是用羽毛称量亡者心脏的重量，来审判死亡者是否有罪。他还被认为是墓地的守护者，以"圣地之神"和"第一圣岗"的姿态为人所知。对阿努比斯的崇拜最终被另一位主要的死神欧西里斯所取代

▶ 阿毕斯（Apis）

阿毕斯神牛是一种根据特殊的与众不同的斑纹选出的独特的动物，是孟菲斯的创建者布塔（Ptah）主神的身体的体现。阿毕斯神牛死后被埋葬在位于孟菲斯的塞拉皮雍（Serapeum）地下墓穴，该墓穴于1851年被奥古斯特·马利艾特（Auguste Mariette）发现。在托勒密时期，统治者将阿毕斯同几位希腊神放在一起，创造了塞拉皮斯崇拜

◀ **贝斯特（Bastet）**

贝斯特是尼罗河三角洲东部的布巴斯提斯城（Bubastis）当地的神。贝斯特是太阳神拉的女儿，拥有好斗的雌狮及保护者形象，但是在公元前的近千年时间内她以温顺的猫或猫头女人的姿态出现，且时常有一群小猫陪伴。布巴斯提斯古城遗址中既有为贝斯特创建的红色花岗岩神殿，亦有很多泥砖所建的猫的墓地

► **贝斯（Bes）**

尽管具有奇异且凶恶的外貌，这位矮神仍然是古埃及国内最受欢迎的神之一。人们认为他能够驱走蛇，并且是同生育和性有关的家庭的保护者。在古埃及末期（公元前747—公元前332）的房屋及大量的日常用品中可以发现他的形象

◀ **克奴姆（Khnum）**

大概从早期王朝时期（公元前 3100—公元前2686）起，公羊神克奴姆在厄勒芬廷（Elephantine）作为地方三神之一有了他的主要礼拜中心。此神掌管尼罗河每年洪水和尼罗河流域的肥沃土壤，这与他作为陶工神的角色有关。像陶公一样，克奴姆负责用泥土塑造未诞生的孩子并把它当作男性的种子放入母亲的身体，所以也被称为创造神。保存最好的克奴姆神庙在伊斯那，建造于希腊－罗马时代（公元前 332 —公元395），在那里他被描述为宇宙（包括神、人类、动物和植物）的创造者

▼ **哈碧（Hapi）**

哈碧是尼罗河洪水（尼罗河每年都要泛滥的洪水）之神，作为洪水和来年丰收的象征而受到人们崇拜。他通常被描述为雌雄同体，长着胡须，有着下垂的胸部和壶一样的大肚子，戴着用纸莎草编的头巾。自第十九王朝（公元前1295—公元前1186），人们发现了一些浮雕，上面描述了两个像哈碧一样的多产的形象。一个头戴着下埃及的纸莎草，另一个头戴着上埃及的莲花，两位神用纸莎草和莲花一起捆绑出象形文字，表现了古埃及两部分（上、下埃及）的统一。哈碧也与公羊神克奴姆有密切联系，后者在厄勒芬廷作为尼罗河春天之神被崇拜

◀ **赫鲁斯（Horus）**

猎鹰神赫鲁斯被视为神圣君主的体现，早在公元前4000年后期，法老就有"赫鲁斯之名"。在欧西里斯神话中，赫鲁斯为了宣布他作为埃及法老的正统地位并为被谋杀的父亲欧西里斯报仇，与邪神塞特（Seth）展开一场旷日持久的艰苦战斗。作为天空之神，赫鲁斯关乎太阳和月亮，被视为东方之神，也因此成为日出之神。在上埃及艾得夫（Edfu）神庙，他和他的妻子哈索尔女神以及他们的孩子哈索姆特斯（Harsomtus）一起受到崇拜

◀ **哈索尔（Hathor）**

拥有母牛形象的女神哈索尔是古埃及最重要的神之一。她被视为掌管一些人生乐趣的女神，比如舞蹈、音乐、性和酒。同伊西斯一起，她被看作是法老的母亲的化身，正如德尔巴赫里（Deir el-Bahri）的岩石雕刻的小礼拜堂中的浮雕所示，女神哈索尔化身为一头母牛哺育法老阿蒙霍特普二世（Amenhotep Ⅱ，公元前1427—公元前1400年在位）。除了这些角色之外，她也是"绿宝石夫人"和"比布罗丝夫人"，作为"西方女士"负责每晚收回夕阳并保护它直到破晓。在葬礼方面，她也可以保护死者的来生

▼ **伊西斯（Isis）**

对伊西斯崇拜之地域范围远超出古埃及，在后法老时代她也被希腊语世界和罗马世界所接纳。伊西斯女神是欧西里斯的妻子、赫鲁斯的母亲，和哈索尔女神一样，被视为法老的圣母。身为欧西里斯深爱的妻子，欧西里斯被塞特谋杀后，她将丈夫的尸体做成木乃伊并且使其被肢解的身体重新组合，获得重生，而且在此过程中魔法般地怀上了他们的孩子赫鲁斯。她也被称为“伊西斯大魔法师”，具有治疗的魔力和保护年轻人的能力。在古埃及神话中，她治疗了被蛇咬的太阳神拉，作为回报，她得知了拉的不被人所知的具有统治天地力量的秘密名字。她将这一秘密告知赫鲁斯，使得赫鲁斯获得了伟大的力量。她的最著名的祭祀地位于阿斯旺（Aswan）附近的菲莱（Philae）岛，在那里有以她的名义建造的宏伟的神庙群

▲ **玛特（Maat）**

玛特女神是真理、正义与和谐的化身，负责管理星星、季节以及人类和神的活动。这一神圣秩序的维护对古埃及国家和社会之生存是必要的，玛特也因此作为众神中心之神被崇拜。与埃及边境地区之混乱正相反，信仰玛特即依照一个严格的道德规范行动。自第十八王朝（公元前1550—公元前1295）开始，玛特被描绘为太阳神拉的女儿，表明人们相信法老们是通过她的权威实现统治。她被描绘为头戴有一根鸵鸟翎的女人，或者有时一根羽毛就可以代表她。在称心仪式中，天平的两端分别是死者的心脏和玛特化身的羽毛

◀ **奈芙蒂斯（Nephthys）**

奈芙蒂斯是伊西斯的姐妹，邪神塞特的妻子，在后来的神话故事中，她与欧西里斯结合，生下了阿努比斯。她是死者的守护神，经常被描绘成头顶一具棺柩，伊西斯在她的脚边。奈芙蒂斯也保护着狒狒头神哈碧（Hapy），哈碧是肺部的守卫者，易与有着相同名字的尼罗河神哈比混淆

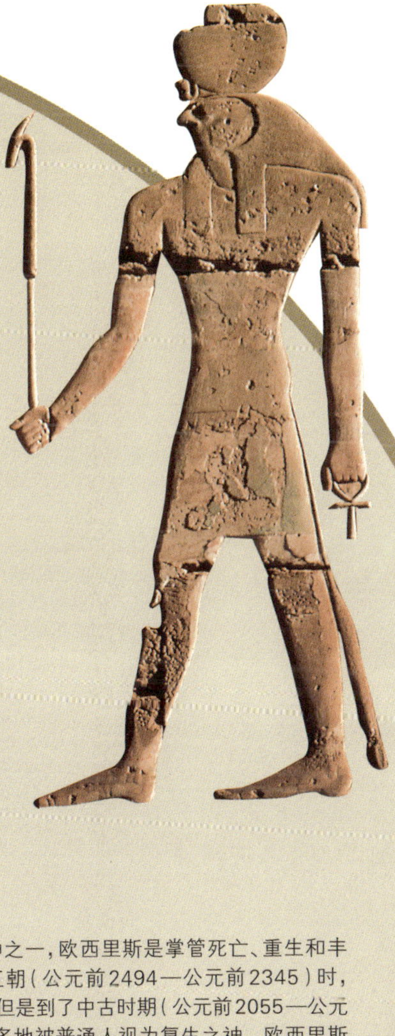

◀ **门图（Montu）**

门图，长着鹰头的战神，古埃及最重要的神之一，其地位在第十一王朝（公元前2055—公元前1991）之后随着阿蒙神之崛起略有下降。他的祭祀地位于底比斯地区，那里的许多神庙被建造得更具君王的霸气，与征服邻国密切相关，这在新王朝期间（公元前1550—公元前1069）更盛

▶ **欧西里斯（Osiris）**

作为古埃及最重要的神之一，欧西里斯是掌管死亡、重生和丰饶的主神。至少早在第五王朝（公元前2494—公元前2345）时，欧西里斯就被定义为冥王。但是到了中古时期（公元前2055—公元前1650）后期，欧西里斯更多地被普通人视为复生之神。欧西里斯是赫鲁斯的父亲，伊西斯的丈夫。欧西里斯被他的兄弟邪神塞特谋害后，尸体被分割，伊西斯把他被分割的尸体搜集起来，制成木乃伊并使其复活。埃及的许多地方都因拥有他分散在各地的尸体各部分而联合起来，比如布兹里斯（Busiris）就声称拥有他的脊椎骨，而阿拜多斯（Abydos）则被认为是他头骨的埋葬地

▶ **努特（Nut）**

在赫里奥波利斯创世神话（Heliopolitan creation myth）中，天空之神努特是重要的创世九柱神之一。很多浮雕与绘画都描述了盖布，他是努特的丈夫，是大地之神。在这些作品中，盖布躺在大地上，那些女神在图像上部飞旋，向盖布弯腰致敬。当这对夫妇想要重新结合的时候，努特就用手指和脚趾的末端触碰大地。作为天空的象征，努特每晚日落后吞下太阳神拉（Ra），第二天早晨又在她的腹中让拉重生

◀ **拉（Ra）**

拉是古埃及的太阳神，他主要的朝拜中心赫里奥波利斯在现今开罗市的郊外。第四王朝（公元前2613—公元前2494）时，当“拉之子”的头衔被贴上王室特有的标签之后，对拉的崇拜达到了顶峰，例如拉在万神庙（the Pantheon）里的重要性。当对他的崇拜融入对其他众神的崇拜之后，拉就被赋予多面的神性，诸如暮日神拉－阿托姆（Ra-Atum）和拉－赫拉克提（Ra-Horakhty）。一般拉被描绘成鹰首的形象，以头上顶着一轮太阳圆盘为特征

▶ **布塔（Ptah）**

布塔最初是工匠们的守护神，他们之间的这种联系，很大程度上取决于他在创世神中较高的地位。在孟菲斯创世神话（the Memphite myth of creation）中，布塔给众多事物命名，从而将天地带入一个活生生的世界里。布塔通常被描绘成裹着一袭紧身的木乃伊包布长袍，未被束缚的双手握持着一根节杖，节杖由节德柱（djed pillar）和饰有圆环的T字形记号（ankh sign）组成，是象征着稳定、生命和幸福的统治徽号。到了古埃及末期（约公元前600年），布塔由欧西里斯和鹰首冥神索卡尔（Sokar）组合而成，被称为“布塔－索卡尔－欧西里斯”

▶ **塞特（Seth）**

被冠以谋杀欧西里斯的恶魔兄弟和赫鲁斯的敌人等恶名之后，塞特被认为拥有多面性。他是埃及邪恶沙漠的守护神，也是拉神夜晚12小时危险旅程的守护者。塞特通常被描绘成不同形象，有时是野猪，有时是河马，但是较常见的形象是长着神秘动物的头、人身、长鼻和四方耳

▶ **索贝克（Sobek）**

鳄鱼神索贝克，主要在法尤姆（Fayum）地区和康孟波（Kom Ombo）神庙受到朝拜，他是法老的力量和权力的守护神，崇拜他也被当作是防御尼罗河中鳄鱼的一种方式。他被人们称作拉－索贝克（Ra-Sobek），作为太阳神神性的一个方面来崇拜

▼ **托特（Thoth）**

托特是写作之神、智慧之神，也是月亮神，他一般被描绘成狒狒头或者鹭鸶头。在新王朝时期，托特在《死亡之书》中得到了例证，这本书记录了称心仪式的结果。他的祭祀地在赫尔莫波利斯玛格纳，即现今埃及城市埃尔－阿世姆内恩（El-Ashmunein），至今那里还矗立着两座巨大的神像

太阳崇拜

从很多方面来说，太阳神是埃及众神中最重要的神，受到了各种不同形式的崇拜。

毫无疑问，古埃及人认为太阳是具有强大能量的生命形式。虽然尼罗河水年年泛滥，但太阳神保护着他们的庄稼，并且确保了他们的生命安全。从早期王朝时期（公元前3100—公元前2686）开始，太阳神拉就受到了崇拜。到了古王朝时期（公元前2686—公元前2181），当拉开始成为埃及万神庙的统治神之后，太阳崇拜真正在赫里奥波利斯（名副其实的“太阳之城”）确立起来。公元前2600年前后，一座以拉–赫拉克提（Ra-Horakhty）的名义祭祀拉的神庙在赫里奥波利斯建立起来。这一时期最直接的成功者就是胡夫（Khufu），他是吉萨（Giza）地区那些伟大金字塔的建造者，从此拉的名字也就成为统治者的标志——他们称自己是“拉之子”，法老们也不断强调着他们与强大的太阳神之间的神圣联系。更显著的是，赫里奥波利斯成了阿托姆（Atum）的朝拜中心。宇宙的创造者，它也是太阳神，逐渐与拉相融合，被称为“拉–阿托姆”（Ra-Atum）。

法老拉美西斯十世，以王权的名义，向太阳进献乌加特之眼（赫鲁斯之眼）

圣甲虫，凯布利神是其人格化的形象，是旭日的象征

太阳神的表现形式

太阳是古埃及人生命的根本所在，受到众多形式的崇拜。其中有三种最常见的形式：太阳圆盘、圣甲虫和羊首像（阿托姆）。另外，其他许多神也成了太阳神的一个分身形式。举例来说，在新王朝时期，阿托姆与拉相融合而成为拉–阿托姆，是众神之王；而战神门图也被人当做太阳神来崇拜。拉这一形象也进入来世神话之中，在那里他和欧西里斯相结合变成一个神。在阿肯纳顿（Akhenaten）统治时期，阿顿（Aten）——太阳圆盘——被提升到一个高度，成了拥有独立形象的神，其目的是为了限制传统中过多的男神和女神形象。

▲ **羊头的圣甲虫（Ram–headed scarab）**

这块宝石可以上溯到古埃及晚期（公元前747—公元前332），它是娜塔莎·拉姆波瓦（Natasha Rambova）的收藏品，娜塔莎是美国默片影星鲁道夫·瓦伦蒂诺（Rudolph Valentino）的妻子。宝石上绘着一只长着羊头的甲虫，是太阳周而复始的象征。羊头表现出太阳的降落，甲虫形象则象征了太阳的升起。对古埃及人来说，太阳神不仅是一种自然现象，而且可以使死后生命延续。甲虫利用它隐藏的腿向前奋进，而这样的形式表现出来的神性就象征着太阳的永恒循环

◀ **给太阳的祭品**

来自拉美西斯十世（Rameses X，公元前1108—公元前1099年在位）墓中的这幅场景图，展现出对称式的构图，法老位于太阳圆盘的两侧，手中托着乌加特之眼进行献祭，这是太阳和月亮的象征。圆盘中的圣甲虫代表了旭日，而羊头神阿托姆则象征着落阳

圆盘状的太阳代表着太阳神拉，他通过太阳光的照射给世界以生命

羊头神阿托姆，象征落日

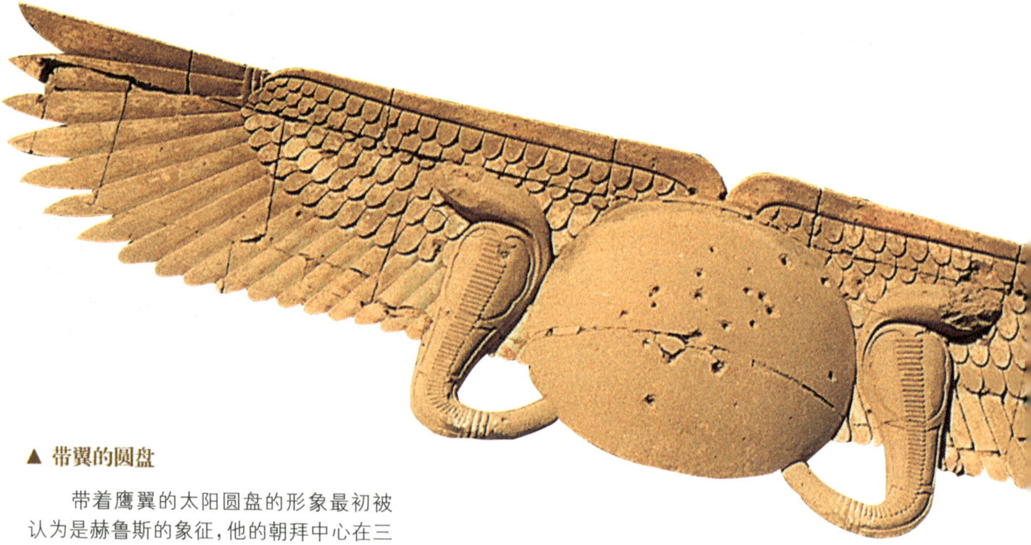

▲ **带翼的圆盘**

带着鹰翼的太阳圆盘的形象最初被认为是赫鲁斯的象征，他的朝拜中心在三角洲的贝迪特（Behdet）镇。在古王朝时期，圣蛇被附加在圆盘的两侧，带翼的圆盘有着守护的含义，通常被建造在神庙的天花板上和入口处

知识窗

圣甲虫，太阳活动周和再生的象征

在埃及艺术中，圣甲虫通常被塑造成以两个前肢捧着太阳的形象（如右图）。之所以选择蜣螂作为生命和太阳活动周的象征，是因为它在地上不断地滚动含有其虫卵的粪球的行为而来的。孵化后的蜣螂幼虫从粪球中显现出来，就好像是蜣螂本身从一种污秽和腐烂中得到再生一样。对于埃及人来说，这就是复苏和昼夜交替的太阳活动周期的象征。圣甲虫被认为是凯布利的化身，后者是一个造物神，与正在升起的太阳有着密切的联系。

▶ 克奴姆–拉（Khnum–Ra），太阳神的灵魂表现

像许多其他的神一样，公羊神克奴姆和太阳神拉联系在一起。克奴姆被认作是拉的灵魂，因此，在阿托姆坐着太阳舟通过地下世界的时候，他被描绘为有着公羊的头

▶ **赫鲁斯的象征**

最晚在第一王朝（公元前3100—公元前2890），这种长了翅膀的圆盘状太阳就成为太阳神赫鲁斯的象征，并成为太阳得以运行其中的天堂的象征。正如赫鲁斯和法老被视为一体，这种长着翅膀的圆盘状太阳与王室相关，被视作是一种防护标志。这一造型不仅出现在墓门和墓顶，也在许多墓碑和陪葬珠宝中被发现

▲ **拉–赫拉克提，太阳神的一个形象**

长有猎鹰头颅的神是天空之神赫鲁斯的一个形象，他和太阳神拉融合在一起，成为拉–赫拉克提。拉–赫拉克提也与赫鲁斯作为地平线的一面有关，地平线是太阳东升西落的地方，因此被认作是太阳神的家。作为埃及神殿中最有力量的神祇之一，拉以一组神的形式显示出了他的多个侧面，或者说多种个性特征。在这里，作为拉–赫拉克提，他表现出鹰头人身，并佩有圆盘状太阳作为头饰

太阳每天的东升西落呈现在神像的细节之处。圣甲虫凯布利装上翅膀代表旭日东升；拉–赫拉克提代表太阳处于正午时分；拉–阿托姆则是落日的象征。这三种神通常都被描绘成以人的身体带有动物脑袋的形式。

太阳活动周

对于古埃及人来说，一天开始于太阳升起。那时天空之神努特，在东方生出太阳。一天之中，太阳像旅行一样，乘坐着日间的驳船穿过天空，接着降到西边日落的地方。在那里他搭上夜间的驳船，航行到地下叫作杜亚特（Duat）的区域，开始12个小时的夜间航行。

穿越地下的旅行伴随着种种危险。但在午夜时分，太阳与欧西里斯相遇，并与其融为一体。欧西里斯是死神，但也是复生之神。通过欧西里斯所赋予的新生，太阳能够度过剩余的夜晚，在拂晓时迎来复苏。

▼ 给予生命的太阳

这个描绘在新王朝时期莎草纸书上的场景，描述了太阳的光线给予地下的死者以生命的景象，使死者得以解脱永远被禁锢在地下的状态。这是一幅来自帝王谷的墓道壁画

乌加特之眼（赫鲁斯之眼）保护太阳的驳船得以通过地下世界进行旅行

太阳照耀在驳船上方，它的光线驱走了地下的黑暗

太阳的光线把生命的温暖带给死者

标志在船头，由王位和一袋刀组成，象征着太阳神运用其权力驶过地下

太阳船是太阳神拉穿越地下的交通工具

驳船的舵代表了统治宇宙的力量

死者被太阳光线赋予重生的力量

知识窗

凯布利

凯布利即人格化的圣甲虫。凯布利的字面意义是“他归于存在”。凯布利通过和圣甲虫的联系，成为旭日力量的化身，他准备把有益的光线照射到大地上去。他也象征着这样一种转化，一种生命的历程：从生到死，再到死后的复生。

古埃及人制造了很多圣甲虫形式的护身符和陪葬的珠宝。它们被认为有着最强和最有效的保护作用，因为蜣螂被视为有着永恒的再生能力。右图中的圣甲虫来自第十九王朝（公元前1295—公元前1186），描述了圣甲虫受到女神伊西斯和奈斯（Neith）的尊奉。

◀ **阿顿（Aten）——独一无二的太阳神**

阿顿是太阳最简单的化身，也就是这个圆盘本身，在阿肯纳顿时期被发展成为最高等级的神祇。阿顿通常表现为一个放射光线的球状物，光线的末端是人手的造型，有些还戴有表示生命的古埃及十字架。只有如左图所示的王室家庭才能够直接尊奉阿顿，并从其给予的生命力量中受益

众神之王阿蒙

到了新王朝时期(公元前1550—公元前1069),阿蒙被认为是埃及所有神祇中最伟大的神仙。对其崇拜的中心位于卡纳克(Karnak)神庙,是古埃及最大和最富庶的神庙。

阿蒙最初是古埃及底比斯当地的神祇,在第十一王朝时期得到尊奉。在曼图霍特普二世(公元前2055—公元前2004年在位)即位的时候,阿蒙就发展成为古埃及所有神祇中最为重要的一个。在位于卡纳克的辛努塞尔特一世(公元前1965—公元前1920年在位)的神庙中,阿蒙被塑造为“众神之王”。他还和许多其他神祇被联系在一起,最值得注意的是和充满力量的太阳神拉相联系,即阿蒙–拉(Amun-Ra)。

▶ **王室夫妇**

在这座雕像中,阿蒙和姆特一起出现,后者是女神,他的配偶。在底比斯,阿蒙和姆特一起被尊奉,与他们的儿子月神孔斯一起,形成了三神——这个中心地区的主神

阿蒙的象征

在埃及的一个创世神话中，阿蒙和他的女性形体阿蒙努特代表空气，或“隐藏的力量”，是生命的四大元素之一。虽然阿蒙被视作是“隐藏的力量”，但他还是有多种多样的形象。

最常出现的阿蒙的形象是戴着双羽冠的男子，这个形象和丰收之神米恩（Min）很相似。阿蒙通常表现为拥有公羊的头，或者是一只鹅。这两种动物都和创造力相关。

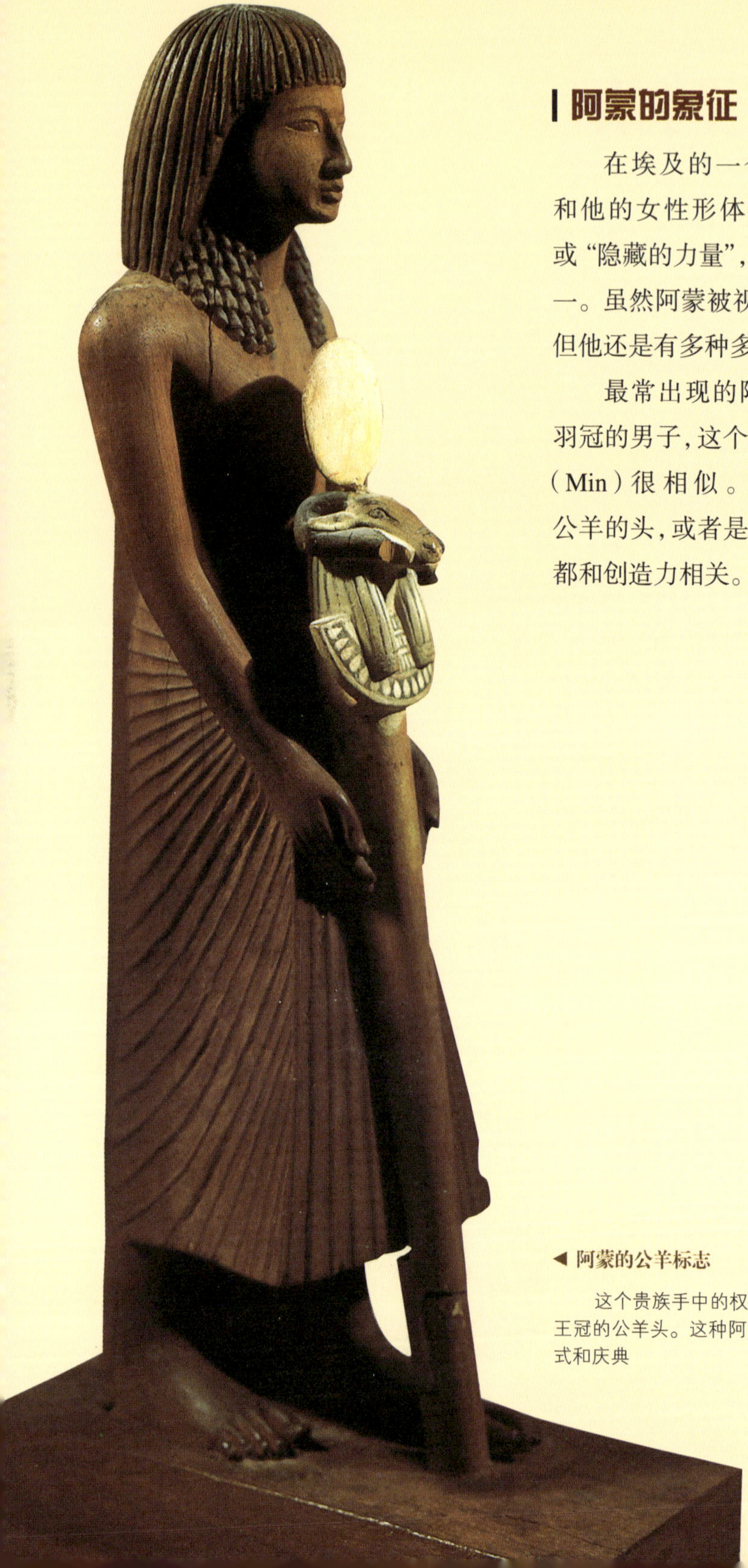

◀ **阿蒙的公羊标志**

这个贵族手中的权杖顶端是佩戴着圆盘状太阳王冠的公羊头。这种阿蒙的神圣标志用于敬神的仪式和庆典

拉-赫拉克提

此处展示的有公羊头。头顶戴有圆盘状太阳的神出现于塞提一世（Sety Ⅰ）之后

阿蒙的蓝色皮肤

模仿青金石的颜色，这是古埃及最贵重的石头

阿蒙的典型发式

两根羽毛的王冠下悬一条红带子

阿蒙掌握T形十字章

阿蒙手握剑和棒，是力量的象征，面对着下跪的塞提一世

上下埃及统一的符号

出现在阿蒙的宝座上

▲ **阿蒙的形象**

在阿拜多斯塞提一世（Sety Ⅰ，公元前1294—公元前1279年在位）的神庙里，展示了法老在阿蒙面前下跪的场景。这幅色彩艳丽的浮雕依然被非常完好地保留着，明亮的色彩清楚地展现了人物的皮肤和衣着

历史档案

法老——阿蒙-拉（Amun-Ra）的儿子

阿蒙-拉，最崇高的神，宇宙的缔造者，被认为是法老的父亲，所有新王朝时期的法老都被称为阿蒙-拉的儿子。同样的，法老负责维持地上的秩序，与叛军对抗，在他的慈善的保护下，星辰、尼罗河洪水，甚至人的关系得以正常运转。

统治者强调他与生俱来的神圣天性，这对证明他统治的合法性至关重要。在王后哈塞普苏（Hatshepsut，公元前1473—公元前1458年在位）的金字塔浮雕中描绘了她神圣的出生，阿蒙与王后阿摩斯（Ahmose）结合从而生出她来。哈塞普苏声称王座受到她的外甥图特摩斯三世（Thutmose Ⅲ，公元前1479—公元前1425年在位）的威胁，这些浮雕的直接意图可能就是为了证明她具有统治权力。阿蒙在辛努塞尔特一世的卡纳克怀特教堂（White Chapel）里以阿蒙-拉的形象出现（左下图），在哈布城的墙上，阿蒙-拉也为拉美西斯三世（公元前1184—公元前1153年在位）提供了君王的权杖（右下图）。

▶ **阿蒙的古庙**

众多崇拜阿蒙的神庙中给人印象深刻的在卡纳克，狮身人面的斯芬克司（Sphinxes）曾经连接着卡纳克到卢克索（Luxor）的游行路线。阿蒙的古庙由新王朝时期的历任法老建造，有巨大而复杂的塔门、庭院、立有圆柱的大厅、方尖石塔和阿波罗巨像，许多不同等级的祭司在这里提供服务古埃及的许多节日都赞颂阿蒙的神力。峡谷节日(the beautiful festival of valley)和奥帕特(Opet)节日都从第十八王朝起在底比斯(Thebes)举行。峡谷节日从卡纳克到全尼罗河的帝王谷都举行祭拜活动,包括每年纪念三神,即阿蒙、姆特和孔斯。奥帕特节日也每年举行,持续2~4周。阿蒙的神像从卡纳克神庙被带到卢克索神庙,以表示法老的母亲与阿蒙的结合,由此确认法老的神圣血统。

阿蒙的牧师

阿蒙在古埃及显示着宗教和政治之间的紧密联系。在新王朝时期,阿蒙最大的神庙位于卡纳克,阿蒙的祭司无论在经济上还是精神上都有强大的力量,以至于威胁到了法老的权威。他们在政治上的力量激怒了阿蒙霍特普四世(公元前1352—公元前1336年在位),因为他是阿顿(太阳神)的追随者,所以他强制推行对阿顿的崇拜,迫使阿蒙的地位降级。

然而,第二十五王朝(公元前747— 公元前656)的努比亚法老恢复了对阿蒙的崇拜。由于他们坚信阿蒙源于上埃及的努比亚博尔戈尔山(Gebel Barkal)神址,他们把自己与阿蒙相联系,并恢复了他的核心地位。

▼ 阿蒙在希瓦(Siwa)绿洲

不仅是卡纳克,整个埃及有许多神庙都在祭祀阿蒙,例如在希瓦绿洲就有两座阿蒙古庙。据说亚历山人人帝在他战胜埃及后,造访了希瓦的阿蒙神庙,在那里他正式被确认为阿蒙之子和合法的法老

▼ **法老的保护者**

在阿玛尔纳（Amarna）时期，阿蒙霍特普四世的宗教改革强制推行崇拜阿顿，降级其他神尤其是阿蒙。那段时期最后的法老图坦卡蒙（Tutankhmun，公元前 1336—公元前 1327 年在位）恢复了阿蒙地位。再后来的一位法老，霍伦海布（Horemheb，公元前1323—公元前1295年在位）把塑像上图坦卡蒙的名字换成自己的直接使用

带有羽毛的发式是阿蒙的标志

霍伦海布的名字徽框在阿蒙和法老的头后面出现

阿蒙霍特普四世的宗教改革降低了阿蒙地位之后，对阿蒙的膜拜在霍伦海布统治时期被恢复

握在阿蒙左手的**T形章**是保护法老的一件法器

▲ **神圣的驳船**

在祭祀阿蒙的节日期间，他的雕像由一艘神圣的驳船运载着横渡尼罗河，船尾和船首饰有公羊雕像。在上图中，鹰首神像撑着驳船，拉美西斯二世（Rameses II，公元前1279—公元前1213年在位）将熏香提供给神像

◀ **希腊的阿蒙**

在托勒密时期，阿蒙是跟希腊众神之王宙斯一样重要的神灵。这枚硬币描绘了长着公羊角的亚历山大大帝

欧西里斯的来生

古埃及最重要的神之一——欧西里斯，他不仅是地下世界的主宰，也是复活之神，以确保来生的存在。

根据古代埃及传奇，土地之神盖布和天空女神努特是欧西里斯、伊西斯、塞特和奈芙蒂斯的父母。欧西里斯是长子，精明地统治着大地，但是心怀忌妒的弟弟塞特用阴谋陷害了他。

塞特的致命诡计

塞特下令制作了一个适合欧西里斯的昂贵华丽的棺材，并与72名同谋一起举行豪华宴会，说无论是谁，最适合华丽棺材的人就可以拥有它。欧西里斯刚躺进棺材，同谋们就合上棺盖，用石墨密封，扔进了尼罗河，最后被冲到了腓尼基人（Phoenician）的海岸上。

伊西斯从棺材里营救出既是她兄弟也是她丈夫的欧西里斯，把他运回到埃及，隐藏在沼泽里。但是塞特发现了欧西里斯的藏匿之处，残忍地将欧西里斯

◀ **欧西里斯的避难所**

据说，欧西里斯身体的不同部位被分散在埃及各处埋葬，所以，很多地方都在祭拜他。最重要的避难所在阿拜多斯，他的头被埋在那里，同时在那里他的身体由大墓地之神哈塔蔓蒂组合起来

的尸体分割成14块，分散于埃及各地。伊西斯在她的姐妹奈芙蒂斯帮助下，搜集欧西里斯的身体的各个部分，除了阴茎那一块被一条鱼吃了以外，欧西里斯身体的其他部分都被找到，她们重新拼合了欧西里斯的身体，并在他的身体上涂上香精油。

然后，伊西斯复活了欧西里斯，并以神奇的力量从复活的丈夫那里受孕，生下儿子赫鲁斯。

▶ 死亡柱

代表稳定和持久，也是欧西里斯的象征。后来，在死者的遗骸中，死亡柱子被认为是欧西里斯的脊椎

◀ 杀死欧西里斯的塞特

人们把冥神欧西里斯凶残的兄弟邪神塞特描述为神话中的怪物或是长着“塞特兽”头（长且弯曲的鸟嘴，细长的眼睛，头顶正上方有直挺的耳朵）的人。提到统治混乱的沙漠、异域土地和埃及边境地区，人们就会想起塞特。第十七王朝（公元前1650—公元前1550）的外来统治者西克索人把塞特与他们自己的邪神巴尔（Baal）相提并论

▶ 冥神欧西里斯家族

这批在法老墓地塔尼斯挖掘出的黄金雕像代表了埃及万神殿中最有名的神的家族。中间坐在天青石柱上的是欧西里斯，右侧是其妻伊西斯，左侧是其子赫鲁斯，他们都伸出手保护着欧西里斯

死者的妻子站在她丈夫旁边，举起手向欧西里斯祈祷

供奉的食物、饮品、鲜花等堆放在欧西里斯面前

欧西里斯手持王权的象征：权杖、连枷以及节杖

欧西里斯**绿色的皮肤**象征着植被和丰收

死者脖子上戴着心形护身符，头上有个芳香的锥状物

欧西里斯坐在他的**君主宝座**上，教堂有着由莲花和纸莎草芦苇组成的纤细围栏

▲ **地狱判官**

冥神欧西里斯活着的时候作为法老统治埃及，死后作为判官统治地狱。每个死者必须先来到“真理大厅”，在欧西里斯的面前接受审判，然后才可以步入来世，而死者的来世如何，取决于对他的判决结果

赫鲁斯为了给父亲报仇与叔叔塞特展开了各种斗争——这就是所谓的“赫鲁斯与塞特的斗争”。经过80年的较量，塞特被打败了，欧西里斯成了地域之神，赫鲁斯成了人间的统治者，塞特则留在沙漠，成了混沌和邪恶之神。

地狱的主人

起初，欧西里斯象征着丰收，对他的崇拜似乎始于尼罗河三角洲。在尼罗河三角洲，人们把他和当地的主神安杰提同等看待。从安杰提的手中，欧西里斯接过了古埃及统治者的权力象征——权杖和连枷。

在古都孟菲斯，人们把欧西里斯与索卡尔同等看待。在阿拜多斯，他被视为大墓地之神哈塔蔓蒂的化身。于是，欧西里斯最终成了掌控地狱的主人，其职责是确保人们死后重生，对他的崇拜开始遍布整个埃及。

历史档案

一些研究古埃及的学者认为，欧西里斯有可能是生活在古埃及前王朝时期（公元前5500—公元前3100）尼罗河三角洲的一个统治者（可能是牧羊人）。由于他的统治十分有效，人们把他尊为神。牧羊人的服装以及钩子和连枷为这一理论提供了支持[权杖和连枷曾为三角洲地区之神安杰提（Anediti）的象征，同时也是冥神欧西里斯的象征，所以人们通常把欧西里斯与安杰提联系在一起]。

在古王朝时期（公元前2686—公元前2181），法老被认为是太阳神拉的儿子，他死后，灵魂升天去追随太阳神拉。但随着对欧西里斯的崇拜的蔓延，这种看法也发生了变化。

古埃及人最终认为，欧西里斯活着的时候是古埃及的法老，死后是地狱的统治者。他惨烈的死引发了塞特与赫鲁斯之间争夺权力的斗争。为了使问题得到妥善解决，欧西里斯威胁说如果斗争没有公正的结果，地狱将起来反抗。由太阳神拉执掌的神的法庭于是宣布赫鲁斯为合法统治者。基于此，法老活着的时候被视为赫鲁斯的化身，死后被视为地狱统治者欧西里斯的化身。

◀ **伊米乌特（Imiut）**

被绑在一根插在罐子里的竿上并塞满了填充物的无头兽皮——地狱统治者欧西里斯与死神阿努比斯的象征。随葬品中有时会有伊米乌特的模型

形似王室驳船的遮篷神龛里供奉着赫鲁斯和欧西里斯，木乃伊就是平躺在这种驳船遮篷下被送到墓地的

鹰首人身的赫鲁斯站在欧西里斯的身后，保护着他的父亲

欧西里斯戴着阿特夫冠（插有两根大羽毛的白色冠），拿着象征王权的权杖和连枷

欧西里斯——救世之神

最初人们信奉只有法老才可以在死后与欧西里斯同在。但后来，人们愈加渴望能借助欧西里斯的神力复活。到了中古时期（公元前2055—公元前1650），人人都期待这种复活。

下面的石碑上描绘了向欧西里斯敬献祭品的画面，这石碑很可能是某位富有的官员或贵族在其死前立的。

欧西里斯的形象

欧西里斯的经典形象是他手持象征王室权威的权杖和连枷。在他位于上埃及很重要的避难所阿拜多斯，他头上戴着代表国家王权的白色王冠。欧西里斯的皮肤可能被描述为白色（木乃伊的绷带）、黑色（肥沃的尼罗河流域的土壤）或者绿色（植物）。他的身体像木乃伊那样被包裹着，只有胳膊露在外面，交叉于胸前。逝者入殓前被制作成相同姿态的木乃伊

欧西里斯留有辫状的假胡须，缚于下巴之上。这是一种神学符号

树立石碑的人们向诸神献礼，他祈祷的内容用象形文字刻在他塑像后面

▲ **鱼儿奥克斯里科（Oxyrhynchos）**

伊西斯和她的姐妹奈芙蒂斯在整个埃及搜集欧西里斯的尸块。但她没有找到他的阴茎，因为带有阴茎的尸块被扔到了尼罗河中，被鱼儿吞食，其中就有奥克斯里科。这种鱼儿在奥克斯里科这个地方被奉如神明。而据另外一个传说，鱼儿奥克斯里科是欧西里斯的伤口的化身

◄ **布塔（Ptah）**

孟菲斯的众神之父，布塔先后与鹰神索卡尔（Sokar）和欧西里斯结合。雕塑布塔－索卡尔－欧西里斯的形象取材于同名的木乃伊。

► **复活之神**

作为欧西里斯祭祀仪式的一部分，死神的形象来自土壤，播种浇水以期种子发芽生长。这种发芽的“谷物木乃伊”也是随葬祭品。欧西里斯也是作物之神，万物生长之事由他主宰

伊西斯，宇宙之母

作为贤妻良母的象征，女神伊西斯在整个埃及享有巨大的荣耀。她也与复活相关，能够用她的神力使生命得到重生，帮助妇女和儿童。

时光追溯到公元前2350年，根据在金字塔文中首次提到的欧西里斯神话，伊西斯是土地之神盖布和天空女神努特的女儿。她的兄弟是欧西里斯和塞特，她的姐妹是奈芙蒂斯。后来伊西斯成了欧西里斯的妻子，在欧西里斯被塞特杀害之后，她千辛万苦找到欧西里斯的尸体，使他复活，因而她便与复活相关了。在葬礼上，她往往以风筝的形象盘旋在逝者的木乃伊之上。她能用翅膀使逝者重生，使其有来世。

魔力使伊西斯与欧西里斯生下了儿子赫鲁斯，因此她也被看作是儿童和怀孕妇女的守护神。

▶ **祭祀用的酒瓶**

这个带有手柄的酒瓶，里面装着古埃及人祭神用的酒，古埃及人在神庙中举行祭神仪式和葬礼仪式时会用酒祭奠神灵。瓶身上画着伊西斯、赫鲁斯、奈芙蒂斯作为装饰伊西斯佩戴的头饰是象形文字“王座”或者“座位”的意象。从头饰便可以确认她的身份。人们认为伊西斯这个名字最初就是“座位”的意思，从新王朝时期（公元前1550—公元前1069）开始，她经常与爱之女神哈索尔联系在一起。她曾戴着哈索尔女神嵌有日盘的双角头饰，这个头饰有时会代替她原有的王座头饰。

► **标志性王座**

伊西斯头上戴的徽章是象形文字“王座”的意思，并且人们认为伊西斯这个名字最初有“座位”的意思。因此，伊西斯经常和王座联系在一起，并且也逐渐成为王座的化身

▼ **菲莱岛上的伊西斯神庙**

伊西斯最著名的神庙位于菲莱岛。20世纪60年代修建阿斯旺大坝前，该神庙面临被吞没之灾。人们一块一块地把该神庙拆除，在邻近的岛屿上重新修建起来

知识窗

欧西里斯神话

欧西里斯统治着埃及，他的兄弟塞特因觊觎王权将他杀害。伊西斯在白百罗（现位于黎巴嫩）找到尸体并带回了埃及。塞特狂怒，并把尸体割成了14块，遍洒整个埃及。伊西斯又努力搜集，重新把尸块缝合，并在阿努比斯的帮助下把尸体制成了木乃伊。伊西斯变成了一只鸟，使欧西里斯复活，并同时怀上了赫鲁斯。图中站立着的伊西斯旁边是坐着的欧西里斯和玛特女神。

知识窗

伊西斯和幼年的赫鲁斯

在古埃及末期（公元前747—公元前332），经常可以看到伊西斯抚育赫鲁斯的青铜像。这尊铜像可以追溯到托勒密时期。这些铜像是用来虔诚祭奠作为万物之母女神伊西斯的。埃及人把它们放在神殿中，以此来感谢女神保护分娩顺利，或者祈求女神在怀孕期间的庇佑，希望女神能够赐福于下一代。

盛行埃及的神灵崇拜

在埃及，遍布着埃及人为万物之母的女神伊西斯建筑的神殿。最著名的神殿坐落在菲莱岛。菲莱岛在阿斯旺南部，位于埃及和努比亚的交界处，被誉为“埃及的明珠”。菲莱岛的神殿是女神最长久的神殿，直到公元6世纪前一直是人们供奉女神的地方。其中努比亚人对女神的祭奠是很重要的原因。但是到了公元6世纪，埃及已经成为基督教化的国家，最后也是拜占庭（Byzantium）时期的罗马皇帝派遣军队关闭了菲莱岛神庙。

历史档案

埃及之外的伊西斯

在希腊–罗马时代，人们对象征母爱的伊西斯女神的崇拜跨越了国界，开始在地中海沿岸兴起。

一位深情的妻子，用她神奇的力量救活了自己的丈夫；一位亲爱的母亲，抚育并保护她的儿子赫鲁斯：伊西斯成了各种女性美德的化身。

在国外，伊西斯渐渐和其他女神融合而被人们认可，例如腓尼基人崇拜的阿施塔特（Astarte）、希腊女神雅典娜（Athena）、阿芙洛狄特（Aphrodite）和得墨忒耳（Demeter）。后来她也扩大了她原来影响的范围，成为水手和航海的保护神，同时人们也把她当成贸易成功的保护女神。

在公元1世纪初期，伊西斯在罗马有许多信徒，尤其是女人。随着基督教徒的到来，一位可以和伊西斯相媲美的女神——圣母玛丽亚（Virgin Mary）出现了。圣母玛丽亚和婴孩时期的耶稣（Jesus）的画像（左边，在中世纪的法国教堂中）与伊西斯和儿子赫鲁斯的画像非常相似。

▶ **伊西斯和她的姐妹奈芙蒂斯**

棺木上常常绘制戴着象征王权头巾的伊西斯和戴着绘有骏马或者篮中神龟头巾的奈芙蒂斯。她们保证逝者的复活和安全。她们还被绘成面向冥神索卡尔（Sokar）哀悼的忏悔者，索卡尔被认为带有诸多欧西里斯的神性

伊西斯，生命的施予者

在帝王谷中，从拉美西斯三世（RamesesⅢ，公元前1184—公元前1153年在位）墓中的浮雕可以看到，给予冥界主宰欧西里斯神生命的女神伊西斯，在欢迎法老拉美西斯三世来到死后的世界。

日盘周围的**牛角**象征着与伊西斯紧密相关的女神哈索尔。在新王朝时期，伊西斯有时会用她的王权或者座上徽章交换哈索尔的头巾

拉美西斯三世头上包着王室的头巾，前额装饰有眼镜蛇形标记，后面挂有缎带

女神奈库比特（Nekhbet）的**头饰是秃鹫**，对应于伊西斯的牛角头巾

黄金宝石装点着女神的长袍宽带

红珠手镯戴在女神手臂上

这位法老在女神面前举臂以示**崇敬**

以一种给予生命的姿态，伊西斯握着法老的手。这表明欧西里斯的来世复活

◀ **王母的象征**

伊西斯被绘制在埃及女法老哈塞普苏（公元前1473—公元前1458年在位）石棺的一端。为表明埃及统治者母亲的身份，她戴着象征王权的头巾，膝下是象征“黄金”（神的金属）的符号。她的手放在象征永恒的符号上。这口棺木来自帝王谷哈塞普苏的墓中，现藏于开罗的埃及博物馆

▶ **在罗马对伊西斯的崇拜**

罗马人对伊西斯的崇敬常常超越对罗马诸神的膜拜。这位女神的雕像在教堂里被保存着，框以舌状柱且有眼镜蛇保护

塞特和奈芙蒂斯

在古埃及神话中，塞特和奈芙蒂斯与他们的姐妹伊西斯和兄弟欧西里斯，都是天神和地神的孩子，他们既是夫妻又是兄妹。

塞特是古埃及万神殿中最古老的神，于前王朝阿姆拉时期（也称作内加达文化第一阶段，公元前4000—公元前3500）由象牙雕刻而成。他是混乱之神，与无序和沙漠的不毛之地相关。塞特常被绘制成人身上长着长鼻方耳的怪兽头颅。

模糊不清的角色

尽管塞特在欧西里斯神话中是谋杀欧西里斯的凶手和赫鲁斯的敌人，但他仍在一些地区受到尊敬。比如，西克索王朝时期就崇拜塞特，因为他被当作勒凡丁（Levantine）的邪神巴尔（Baal）。好几位新王朝的统治者，比如塞提一世（公元前1294—公元前1279年在位）和塞特纳赫特（公元前1186—公元前1184年在位）的名字中都包含了这位神，期望能得到神赐的力量。塞特也被认为是“拉的同伴”，陪伴着太阳神拉度过夜之旅，抵御来自蛇神阿波菲斯（Apophis）的侵害。最重要的是，塞特代表着宇宙秩序的平衡，这是古埃及二元性概念的核心所在。

▶ 神的名字

在塞提一世的徽框雕像左上方，塞特的名字如其自身形象一样以怪兽头的形状出现。在右上方，奈芙蒂斯则被用象形文字写作“大家闺秀”，以这位女神常戴的头巾形象出现

◀ **法老的保护神**

尽管塞特常是负面角色，但他依然在某些时代和地域受到崇拜。比如，第二过渡时期（公元前1650—公元前1550）西克索人在他们的首府古阿瓦里斯城（Avaris）就膜拜他。第十九和第二十王朝（公元前1295—公元前1069）的一些法老，比如左图所示的塞提一世也取了他的名字

▶ **塞特和奈芙蒂斯**

塞特和奈芙蒂斯夫妇很少被共同提及。奈芙蒂斯常常与她的姐妹伊西斯作为亡灵守护神一起出现。塞特谋杀欧西里斯后，奈芙蒂斯帮助伊西斯搜集并缝合欧西里斯的尸块，制作成木乃伊

奈芙蒂斯戴着日盘牛角的**头饰**

塞特头部长着长鼻方耳的**怪兽头**

▶ **法老的加冕礼**

法老的加冕礼涉及一系列详尽的仪式，它给予统治者力量。作为交接，赫鲁斯授予法老以红冠，即代表下埃及的红色王冠；而塞特，如图所示，则授予法老代表上埃及的白色王冠。两者共同代表了法老对埃及的统治权

▼ **赫鲁斯与塞特之间的战争**

大卫·罗伯兹（David Roberts）创作于19世纪的一幅平版画向我们显示了位于艾得夫（Edtu）的赫鲁斯神庙的情形，他用众多的浮雕来描绘赫鲁斯和塞特之间的争斗。在一个画面中，一头由塞特变成的河马被胜利的赫鲁斯用渔叉困住

“艾得夫戏剧”，一块广为人知的关于赫鲁斯和塞特争斗的浮雕，就装饰在艾得夫宏伟神庙的墙上

从第三过渡时期（公元前1069—公元前747）起，当欧西里斯的信徒越来越多，塞特的负面形象也逐渐超越了正面形象。塞特被赫鲁斯打败的结果被广为庆祝，一些塞特的雕像被重新雕刻成阿蒙的形象。

守护女神

尽管是塞特的妻子也是他的姊妹，但奈芙蒂斯有着其他使命以保证她的正面形象。关于她的描述通常是和她的姐妹伊西斯联系在一起的。

和伊西斯一样，奈芙蒂斯也是死者的守护神，这对姐妹常常被描画在死者棺材的两端。奈芙蒂斯也是保护卡诺皮克（Canopic）罐子的神之一，她保护狒狒头形的哈碧，哈碧的头出现在保存着死者肺部的卡诺皮克罐子上。在后期的神话中，奈芙蒂斯也被认为与欧西里斯生下了阿努比斯。在古埃及后期，她与第一瀑布女神阿努凯特（Anuket）一同在上埃及的考姆迈（Kom Mer）受人祭拜。

◀ **死者的守护女神**

由于在关于欧西里斯的神话中扮演了正面形象，奈芙蒂斯被认为是死者的守护人。在新王朝时期，她的形象出现在王室石棺的北墙外侧面，紧挨死者的头部，通常刻画成她伸展手臂来保护死者的姿态

▼ **河马**

河马，塞特的形象之一，在古埃及被认为是一种充满矛盾的动物，同时象征混乱与女性的美德

奈芙蒂斯在这里的形象是一位拥有一双巨大并伸展着的翅膀的女性

用**象形文字**拼写奈芙蒂斯的名字，意为“庄园夫人”

节德柱（the djed pillar）上放有一个象征复活的太阳盘

伊西斯头戴象征“王座”的头饰，她的名字在象形文字中是“王座”的意思

▲ 奈芙蒂斯与伊西斯

在图坦卡蒙的坟墓中挖掘出的精美绝伦的镶金胸饰上，描绘着两位女神伸展保护翼，分立在象征稳定与重生的染色的柱子两侧

▼ 哀悼的女人

由于伊西斯和奈芙蒂斯将欧西里斯制作成木乃伊并为其服丧，这两位女神也因此常常出现在有关葬礼场景的绘画中。她们举着双手呈悲痛状出现在死者棺材的两端。在古埃及的葬礼上，会有两位女性哀悼者扮演伊西斯和奈芙蒂斯

◄ **木乃伊绷带**

由于奈芙蒂斯经常和冥王欧西里斯联系在一起，奈芙蒂斯的发辫经常被比作木乃伊身上的绷带

▲ **奈芙蒂斯和卡诺皮克罐子**

奈芙蒂斯和女神伊西斯、塞尔科特（Serket）、奈特是装有死者内脏的卡诺皮克罐子的守护神。奈芙蒂斯被认为是狒狒头哈碧神的保护者，哈碧神守护的是死者的肺

► **奈芙蒂斯和阿努比斯**

最初的时候，奈芙蒂斯被认为是塞特的妻子，但在之后的神话中，奈芙蒂斯被描述成阿努比斯神的母亲。阿努比斯是一位有着豺狼头的神，他和欧西里斯是父子。奈芙蒂斯虽然有时会因与塞特的关系给人负面的印象，然而，当人们把她和伊西斯联系起来的时候，正面的形象会让人忘掉她是邪恶的塞特的妻子

天空之神赫鲁斯

具有鹰首人身的赫鲁斯不仅是天空之神，也是王权的化身，同时还是古埃及法老的守护神。

像大多数古埃及的神灵一样，赫鲁斯有多方面的象征。但人们最经常把他比作是王权的化身。古埃及人认为在位法老是赫鲁斯的化身，而所有埃及法老都有5个名字，第一个名字就是赫鲁斯。

根据古埃及传说，赫鲁斯是伊西斯和欧西里斯的儿子。欧西里斯的兄弟塞特为了篡夺王位杀害了欧西里斯。当赫鲁斯成年后，他决定要为他的父亲报仇，与塞特决斗。

赫鲁斯和塞特的斗争

关于赫鲁斯和塞特的斗争，在石柱上和莎草纸文献中有许多不同的记载。版本之一，据说塞特挖出了赫鲁斯的一只眼睛（后女神哈索尔使它恢复），作为反击，赫鲁斯阉割了塞特。因此，在古埃及，塞特成为不能生育者和背叛者的邪恶代表。赫鲁斯和塞特之间的斗争整整持续了80年，最终，神灵眷顾了赫鲁斯。

▶ **法老的守护神**

古埃及的法老经常和他们的守护神赫鲁斯被放在一起。在大约公元前1320年的这尊雕像中，赫鲁斯就和霍伦海布法老（公元前1323—公元前1295年在位）坐在一起

战败的塞特被迫承认赫鲁斯是王位的唯一合法继承人，最后，赫鲁斯像他的父亲和祖父一样成为埃及的统治者。当赫鲁斯成为在位法老的化身时，奇迹般复活的欧西里斯神则成为地下世界的主宰。

法老的守护者

这尊将赫鲁斯描述成法老守护者的浮雕来自位于阿拜多斯的塞提一世法老的神殿中。

古埃及人经常把**赫鲁斯**描述成一位戴着象征上下埃及双重王冠的神

鹰首人身表现了赫鲁斯是一位天空之神

经常和天空之神赫鲁斯联系在一起的**太阳圆盘**，被眼镜蛇女神瓦吉特（Wadjet）保护着。瓦吉特手拿在古埃及象征生命的T形十字章

在这个矩形框中包含了法老的第一个名字赫鲁斯（他的5个名字之一）。在这里赫鲁斯可以被译为“强壮的公牛”

▶ **赫鲁斯之眼**

赫鲁斯的左眼曾经被塞特挖出，后被哈索尔女神恢复，它象征完好无缺的眼睛。因为赫鲁斯是天空之神，他的眼睛也代表着太阳和月亮。赫鲁斯的左眼经常和月亮的阴晴圆缺联系在一起，同时它也代表着死后在地下世界对人身体进行的保护

▼ **赫鲁斯和盖布**

在描述赫鲁斯和塞特斗争的另一个版本中，最后是欧西里斯以及他和塞特的父亲大地之神盖布共同对他俩进行了审判，并决定把王位授给赫鲁斯。这幅描述盖布（左边）和赫鲁斯（右边）的壁画，是在帝王谷中新王朝时期的法老塞特纳赫特（Sethnakhte，公元前1186—公元前1184年在位）和女王塔沃里特（Taweret）的墓穴中被发现的

爱神哈索尔

具有母牛形象的女神哈索尔是古埃及众多重要神灵中的一员。人们经常把她与舞蹈、音乐和爱联系在一起。因此，她被认为是法老母亲的化身。

哈索尔女神在不同时期有不同的形象，但总是和母牛联系在一起。她或者被描述成一头母牛，或者是一位有着牛耳的妇女，或者是一位戴有发饰、牛角和日盘的妇女。哈索尔是古埃及万神殿中一位重要的神灵。她是生活中所有美好事物的化身，像爱情、欢乐、性、音乐和舞蹈等。但和其他神灵一样，哈索尔也是身兼数职。

多面女神

哈索尔不仅是法老化身赫鲁斯的妻子，同时也被人们认为是法老的母亲的化身。她还是太阳神拉的女儿，并且作为拉之眼，哈索尔也有着破坏性的一面。这和危险的雌狮女神塞赫迈特（Sekhmet）一样。

◀ **一位史前女神**

在前王朝时期（公元前5500—公元前3100）的调色板上出现了一位很像哈索尔的女神形象，成为史前哈索尔女神的代表

▲ **母亲的化身**

哈索尔女神作为母牛的形象，象征了母爱、生育和保护。作为每一个在位法老母亲的化身，哈索尔经常以一位正在哺乳婴儿的法老母亲形象出现。在这块神殿浮雕中，她正在哺育她的孩子，把爱和支持传递给法老

▶ **塞赫迈特和哈索尔**

除了作为保护神的一面，哈索尔还有着破坏性的一面。当她呈现出破坏性一面时，有时会变成和好斗的塞赫迈特女神一样的狮子形象

◀ **塞提一世墓中的哈索尔**

1817年，意大利考古学家吉奥维尼·贝索尼（Giovanni Belzoni）在帝王谷中发现了法老塞提一世华丽宏伟的墓穴。墓穴中有许多保存完好的浮雕和壁画。这幅画就是贝索尼从墓中带出的一幅壁画的复制品，现在是巴黎卢浮宫博物馆的展品。这幅壁画描绘的是哈索尔女神正在欢迎法老来到地下世界。她给了塞提一世一条很大的、精心雕琢的项链，象征着她将会保护他

哈索尔将项链给塞提一世，象征着将她的保护赐予了他

哈索尔女神拉着塞提一世的手，引导他通过地下世界

▶ **建筑中的哈索尔女神**

1809—1822年出版的《埃及图志》（*Description de l'Egypte*）记录了拿破仑远航埃及的所见所闻。在《埃及图志》中有许多生动形象的插图，这一幅就展示了位于登达拉的哈索尔女神神殿中的一根圆柱。在哈索尔女神神殿中共有24根巨大的石柱，石柱上都刻有哈索尔女神的脸。然而，遗憾的是许多石柱都在埃及基督教时期（约395—641）被摧毁了

哈索尔在地下世界的形象中，被人们称为“西方夫人”或“西方山脉的夫人”。她负责每天晚上迎接夕阳并保护它的安全直到第二天破晓。同样，在地下世界中，女神也会保护那些死去的人们。

黎巴嫩沿海城镇因为盛产珍贵的木材而在法老时代的埃及取得举足轻重的地位之后，那里的人们将哈索尔称为“比布罗丝（Byblos）的夫人”。西奈（Sinai）的塞洛比哈汀（Serabit el-Khadim）的绿宝石矿山旁边筑有哈索尔的纪念神庙，因此人们还把她称为“绿宝石夫人”。

哈索尔节日

在每年一次的新年游行中，人们在登达拉的哈索尔神殿里举行祭祀活动祭拜哈索尔。女神的雕像被人们抬着穿过神殿的各个部分，包括有日盘的小礼拜堂。之后女神的雕像还要随着船只沿着尼罗河从登达拉到艾得夫，在那里有她的丈夫赫鲁斯的神庙。

◀ 哈索尔之子

登达拉的神庙是人们用来祭祀哈索尔女神、她的丈夫赫鲁斯和他们的儿子——伊希神的。在罗马时代（公元前30—公元395）的浮雕中，经常可以看到哈索尔女神哺育伊希并接受图拉真帝王（98—117年在位）进贡的图像

▶ **艾得夫的赫鲁斯**

鹰神赫鲁斯经常和上埃及的艾得夫联系在一起，因为在艾得夫有他的一座神庙。在这座神庙中，他被描述成哈索尔的伴侣。哈索尔的名字在象形文字中是一间房子中有一只鹰，逐字翻译过来就是“赫鲁斯的房屋”的意思

石柱上装饰着**哈索尔女神**的牛耳和精美的假发

这座多柱式建筑在公元1世纪的时候被罗马帝王提比略（Tiberius）（公元14—公元37年）重新修复

所有的24根**石柱**支撑着神庙的房顶，其中6根在正面

飞行的日盘告诉人们赫鲁斯是太阳之神

▲ **登达拉的神庙**

有证据证明，在古王朝时期（公元前2686—公元前2181）登达拉就有神庙了。但是现在残存的建筑物都始于第三十王朝（公元前380—公元前343）和罗马时期（公元前30—公元395）。这座神庙给人印象深刻的造型以及巨大的石柱，在众多埃及神庙中是独一无二的

◀ **哈索尔的祭司**

这座雕像是一位手拿乐器的牧师。这种类似哗啷棒的乐器上装饰有女神哈索尔的头像，这种乐器经常和哈索尔联系在一起。在古王朝和中古时期（公元前2055—公元前1650），有许多埃及妇女成为哈索尔女神的女祭司

▼ **罗马的生育室**

在登达拉的哈索尔神庙中有两幢生育室。生育室是用来庆祝伊希神的诞生而建的。罗马帝王图拉真建造的生育室比这两幢生育室保存得更完好。在这幢罗马生育室中，装饰有许多从古希腊-罗马时期（公元前332—公元395）留存下来的精美浮雕

▲ **阿布辛贝（Abu Simbel）的哈索尔**

靠近阿布辛贝巨大的庙宇，有一个稍小一些的拉美西斯二世为他的妻子纳弗尔塔利（Nefertari）建造的凿岩庙宇。王后塑像在庙宇的入口侧面，与哈索尔的雕塑一样。大厅内柱装饰着哈索尔使用的乐器——哗唧棒。神庙也是拉美西斯二世由女神保护的避难所

塞赫迈特：破坏之神

在古埃及众多的神灵中，人们对塞赫迈特神充满了畏惧，因为她是一位力量强大的潜在的破坏之神。

塞赫迈特女神具有狮子的形象，并且被认为是喷火的"拉神之眼"。她代表了太阳破坏性的一面。她的目标是消灭她父亲太阳神拉的所有敌人。拉是创世神，也是太阳神。根据古埃及的传说，塞赫迈特女神是被拉派遣到人间惩罚那些反对拉的人的。然而拉的本意只是惩罚而非灭绝。

众神的骗局

然而塞赫迈特嗜血成性，她不断地进行着杀戮，这样下去，所有的人类都会被她消灭。众神为了阻止塞赫迈特的杀戮，骗她喝下了大量混合了鲜血的啤酒，于是塞赫迈特沉睡过去，人类得到了拯救。塞赫迈特醒后，愤怒地离开了埃及。但是，没有了女神，太阳的光芒也消减了，而世界的安全也受到了威胁。最后，托特神说服了她重返埃及。

▶ **镀金的塞赫迈特画像**

这幅精美绝伦的塞赫迈特画像是图坦卡蒙的珍宝之一。她头戴着日盘，身着一件紧身的有植物图案的衣服

图坦卡蒙的项链

这条华丽的项链向人们展示了在布塔和塞赫迈特之间的图坦卡蒙。这条项链很可能是为了图坦卡蒙的加冕礼制作的。

这只头戴王冠的雄鹰坐在这座王室宫殿上

身着羽毛长袍和短斗篷的**图坦卡蒙**，戴着蓝色王冠，手拿着权杖和象征着王权的连枷

神把**各种祝福**赐给图坦卡蒙。布塔给予他生命、力量和健康，塞赫迈特则给予他不朽的来生

这幅画像代表着法老的**灵魂**

头戴日盘的塞赫迈特向法老伸出双臂来表达对他的保佑

孟菲斯城主神布塔，手拿着权杖和连枷

啊！永恒生命之神，向一条头戴日盘的眼镜蛇下跪

▲ 在西方艺术中的塞赫迈特

爱德华·波因特（Edward Poynter）爵士（1836—1919）在解说一幅关于埃及的以色列人的大型油画时，提到以色列的奴隶把一座巨大的狮子雕像推到古埃及的神庙处。人们都认为那就是塞赫迈特的代表。波因特爵士在当时是一位有名的历史画家

▼ "她是有力量的"

塞赫迈特的意思是"她是有力量的"。然而，如果她的力量不被控制住，她将对整个人类的生存造成威胁。因此，许多节日和礼仪都是来平息她的愤怒的。这幅她的画像来自位于康孟波（Kom Ombo）的索贝克（Sobek）-赫鲁斯神庙

猫女神贝斯特

在古埃及，猫是非常重要的动物。因为它不仅作为家庭宠物而为人们喜爱，同时也是守护女神贝斯特(Bastet)的代表。女神贝斯特的节日是埃及日历中最重要的一天，在那天有许多猫木乃伊被作为祭品献给女神。

在还没有文字记录的时代，埃及农民就开始驯养非洲野猫。在古时候的坟墓中可以看到猫的残骸。在埃及，人们把猫称为“miw”，这和猫叫的声音十分相似。最初的时候人们可能只是把猫放在食品贮藏室中来消灭老鼠，但不久之后饲养宠物猫就成为流行。

在经历了几个世纪的演变之后，猫逐渐从当初的家庭宠物变成献给女神贝斯特的半神圣的动物。贝斯特是太阳神拉之女，她是一位守护女神。早期图画中的贝斯特是一位有着狮头的女神，然而到了公元前1世纪，她逐渐被人们描绘成一只脚边有许多小猫的猫。在古埃及末期（公元前747—公元前332），人们对猫的崇拜达到了顶峰，那时，整个埃及都有庆祝贝斯特女神的节日。

如果人们想要得到贝斯特女神的帮助，或者想感谢她的恩赐，就会献给女神一尊猫的塑像。除此之外，贝斯特的祭司们会牺牲一只他们饲养的猫，把它做成猫木乃伊献给女神。猫木乃伊会被放在地下一个特殊的储藏室中。这是因为人们相信，猫在到达地下世界之后就会立刻动身去找贝斯特女神，然后把信息传给她。有一些储藏室中有成千上万只猫木乃伊。

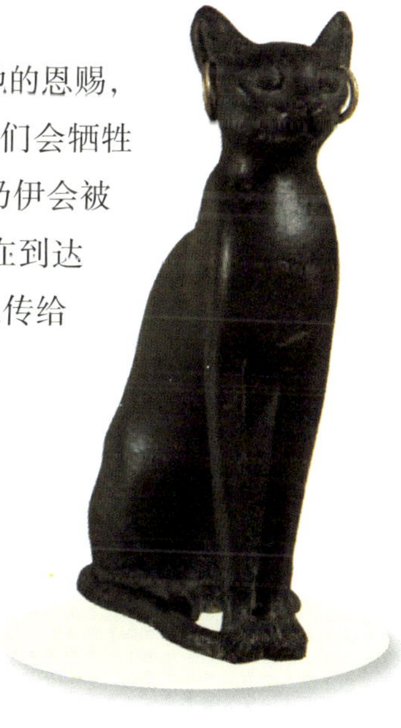

▶ **神圣的猫塑像**

在古埃及，在对贝斯特女神的崇拜达到高峰的时期，人们制作了许许多多猫的铜像来代表贝斯特。这一时期是从埃及第二十二王朝的首位统治者开始的，因为这位统治者的家乡正是猫神出生的地方——达尔塔（Delta）的布巴斯提斯（Bubastis）

纸莎草生长的地方是许多鸟类和鹅的栖息地。为了捕捉它们，当鸟儿从灌木丛中飞出来的时候，人们会用一种蛇形的手杖捕捉它们

◀ **狮神贝斯特**

贝斯特是药膏之神，她的作用也像药膏一样，是一位保护女神。有时她被描述成一位狮头人身的女神而不是一只猫。从这个金质的垂饰中我们可以看到这位狮头的女神。这件饰品所属年代可以追溯到苏森尼斯一世（Psusennes I，公元前1039—公元前991年在位）统治的时代

这只猎人的猫一下子抓住了**三只鸟**：它用爪子抓住了两只，另一只衔在嘴里

猎人的女儿陪伴在她父亲身旁。她坐在由纸莎草搓成的小船上

▲ **家猫**

从古埃及狩猎的情景中可以看到猎人站在芦苇小舟上，旁边的家猫已经为它的主人抓到了三只鸟儿。家养的猫经常被用来在沼泽中打猎或捕鸟。在许多家庭的画面中，家猫有时也坐在主人的椅子后面

▲ **猫木乃伊**

由于人们对贝斯特的崇拜，成千上万只猫被做成木乃伊。祭司们从事这项盛行的交易，他们收了钱之后就把猫埋在一个重要的祭祀地点。人们认为，猫到了地下世界之后会立即动身寻找贝斯特女神，并且请求她赐福给捐助者

丰收之神米恩

米恩神作为生产、创造以及法老力量的代表，是古埃及最重要的神灵之一。在每年的丰收前都会有祭拜米恩神的节日。

米恩是保佑埃及人生育和土地肥沃的神。人们每年都会在底比斯城举行一次祭神仪式，在这次祭神仪式上，法老会把丰收的第一耳谷物献给米恩神。在托勒密王朝时期（公元前332—公元前30），米恩经常和希腊神潘（Pan），还有潘神所主领的城镇潘诺波利斯（Panopolis）联系在一起。

▲ **米恩神的徽章**

从前王朝时期（公元前5500—公元前3100）开始，米恩神特殊的符号就出现在容器、权杖头和调色板上

▶ **关于米恩神的描述**

米恩神经常是以一个木乃伊姿态的人类形象出现的。他左臂微抬，上面有一根连枷。图特摩斯三世（Thutmose III，公元前1479—公元前1425年在位）的石碑上刻着米恩神——保持着这一传统姿势，站在法老的后面

米恩的徽章上是用象形文字书写的他的名字

他的头饰上有两根羽毛，这是用来表明他是**阿蒙神的代表**

米恩右手中的**连枷**是王权的象征

在他的王冠上系着**一根长长的缎带**

米恩和其他神灵

在中古时期（公元前2055—公元前1650），米恩有时会被描述成欧西里斯的儿子。在其他时候，人们认为他是伊西斯女神的伴侣，同时是赫鲁斯的父亲。在新王朝时期（公元前1550—公元前1069），他被视作是阿蒙神的化身。在米恩神的庆祝节日上，人们举行大赦和加冕礼来确保神对法老的保佑。

▲ **肥沃之色**

米恩神的皮肤和胡须被涂上黑色，黑色是尼罗河谷物赖以生长的淤泥的颜色。因此，黑色成为生命和肥沃的象征

▲ **献给米恩神的敬意**

这座在卡纳克的辛努塞尔特一世（公元前1965—公元前1920年在位）的礼拜堂中的浮雕，向人们展示了系着三角形腰带的法老正在将祭品献给米恩

◀ 和其他神灵一起的米恩神

在这个喝水的瓶子上，米恩的形象是一位举起双手的死者，总是和米恩在一起的赫鲁斯站在他的左后方

▶ 肥沃和创造

这座浮雕展示的是在一片丰收之景中的米恩。这座浮雕来自卡纳克阿蒙神庙的神祠。除了代表人类性能力之外，米恩神同样也具有和其他神相同的创造力量

次要的神

除了像拉、赫鲁斯和伊西斯一样的主要神灵之外，古埃及人还崇拜其他一些神灵。人们没有为这些神灵建造神庙或纪念碑，但他们在古埃及人的家庭中却扮演了不同角色，给埃及人带来保护和丰收。

古埃及的神庙不仅是人们和神之间的联系枢纽，同时也是维持宇宙中神性的工具。理论上说，只有法老才能进入神的圣地举行仪式，但事实上，祭司们代替法老履行了这一职能。官方的宗教信仰被抽象化，并更多地强调人们对国家和法老的崇拜，反对人们有个人的想法。

对于普通人来说次要的神

尽管古埃及人的生活中涉及了许许多多对主神的崇拜，他们积极地参加各种祭祀主神的节日，在神庙中向神灵祈祷，然而许多古埃及人还保持着对次要的神的崇拜。人们没有为这些神灵建造神庙或纪念碑，但他们在古埃及人的家庭中却扮演了不同角色。人们会在家具（尤其是床）、乐器、陶器和其他器皿上，甚至是护身符上装饰这些神灵的形象。这些神灵通常都具有保护者的作用，同时人们也把他们和丰收、生产联系在一起。

▶ **塔瓦瑞特（Taweret）**

塔瓦瑞特女神是一位保护家庭的神灵，人们认为她会保护分娩时期的妇女。塔沃里特的形象是河马，人们经常把她描述成有着狮子的四肢、鳄鱼的尾巴和象征着怀孕的大肚皮。自古王朝时期（公元前2686—公元前2181）起，塔瓦瑞特的形象就广泛出现在护身符、器皿、床和枕头的装饰中

◀ **布塔的共事者**

到了古埃及末期（公元前747—公元前332），造物神布塔有时被人们描述成一位裸露的侏儒。人们认为这样能够表现布塔具有医药的功能，能够治好蛇和蝎子的咬伤。希腊人把这种奇怪的形象称为“帕塔科”（pataikoi）

女神**雷内努特**是丰收和生育的女神

▶ **蛇形女神雷内努特（Renenutet）**

像塔瓦瑞特女神一样，雷内努特是非常慈善的，尽管她总是以凶狠的眼镜蛇或者蛇头人身的形象出现。人们认为雷内努特是法老的保护神，同时她也是掌管丰收的女神，她保证人们每年都有好收成。在古埃及的法尤姆（Fayum）地区，人们一年一次会举行节日来祭祀雷内努特、索贝克和赫鲁斯

▶ **地域之神**

在古埃及，每个州或者行政地区都有当地的神灵。这些神灵经常以有着大肚皮和下垂的乳房的形象出现，用来代表国家的人口众多和丰富充裕。他们会出现在一些较低级的神殿中，如图所示，和当地的农产品联系在一起

在女神雷内努特的上方用**象形文字**写着她的名字

女神头上有**一顶用羽毛做成的王冠**

雷内努特经常是以眼镜蛇或者头戴蛇形发饰的妇女形象出现。

雷内努特正在给一个婴孩哺乳，这突出了她作为养育者和母亲的形象

▼ **小矮神贝斯**

尽管贝斯有着非常奇怪的形象：像石膏一样的面部表情，伸出的舌头，但是贝斯却是古埃及非常受欢迎的神。人们把他当作一位凶猛的勇士，同时他也是家庭的保护神，并且经常和性、分娩联系在一起。在古埃及末期，几乎所有的生育室里都可以看到贝斯的形象

贝斯神和塔瓦瑞特是两个和家庭生活联系最紧密的神，尤其是女人和孩子更是和他们分不开。从中古时期起，小矮神贝斯就非常受人崇拜。虽然他有着奇怪的外貌，但他仍是一个和性、分娩紧密相关的慈善的神。和贝斯相同，塔瓦瑞特虽然外形是一头危险的河马，却是丰收和生育的化身。

赫卡特（Heket）和蒙什肯特（Meshkent）也有相同的使命。被人们描述成青蛙形象的赫卡特，却是帮助婴孩在子宫内健康发育并且给予他们生命的神。而蒙什肯特被古埃及人认为是妇女生孩子的铺路神，同时他也负责决定每个孩子出生之后的命运。

保护人们免受各种威胁

在古埃及，自然环境中存在着许多危险，人们经常受到蛇、蝎子、鳄鱼和狮子的威胁，人们相信，供奉一些神灵可以降低或避免这些危险。比如，人们会供奉雷内努特，因为他们相信这样可以治愈蛇的咬伤；鳄鱼神索贝克也受到人们的崇拜，是因为人们希望以此来避免尼罗河中潜在的危险。古埃及人还供奉蝎子神塞尔科特，希望神灵保佑他们不要被蝎子毒针蜇到。

人们对保护神的崇拜非常流行，即使在阿肯纳顿主张建立以阿顿神为唯一神的宗教体系时期，人们仍然坚持对各种保护神的崇拜。在对阿肯纳顿的首都阿玛尔纳（el-Amarna）出土的大量文物考古后发现，许多护身符和壁画上面有各式各样的保护神，像贝斯和塔瓦瑞特就出现在很多壁画中。

▶ **女神塞尔科特**

塞尔科特和女神伊西斯、奈芙蒂斯、奈特一同保护装有死者内脏的卡诺皮克罐子。她经常被人们描述成一位戴着蝎子头饰的妇女，或者是长着蝎子尾巴的女人

▼ 古代巫术

赫卡（Heka）神是巫术之神。巫术是古埃及人生活中非常重要的一部分。人们相信仪式和符咒是具有神力的，会帮助人们解决困难并渡过危机，比如能够帮助人们早日病愈，或者保护人们不受蛇和蝎子的攻击

赫卡手拿象征着繁荣美好的权杖

赫卡的右手处用象形文字写着古埃及**象征生命的T形十字**

狮头女神塞赫迈特站在这对王室夫妇面前

从托勒密王朝时期（公元前332—公元前30年）的这对王室夫妇开始，人们向赫卡和塞赫迈特供奉**祭品**

▶ **著作女神**

塞斯哈特（Seshat）是文字及测量女神，她的形象是一位身着豹衣的女子，头顶着一颗星星和一轮月亮。在古王朝和新王朝时期神庙的浮雕中，可以看到塞斯哈特女神在记录战争带给人们的灾难，不过在新王朝时期，她更多的和王室的大赦活动有关

◀ **门图的伴侣**

拉特薇（Raettawy）女神和吞尼耶特（Tjenenyet）女神都是长着鹰头的战神门图的伴侣。在卡纳克北边的麦达姆得（Medamud），有一座新王朝时期的神庙，那是人们供奉门图、拉特薇、吞尼耶特和他们的孩子的地方

▼ **鹰神索卡尔（Sokar）**

这位孟菲斯墓地的神最初是一位地方神灵，或许是工艺家的守护神，除此之外，他也被人们崇拜为大地之神或者丰收之神。到了新王朝时期，人们把对他的崇拜和伊西斯、布塔融合，形成了布塔－索卡尔－伊西斯体系

尼罗河边的外来神灵

对海外的征战和外来民族的入侵，使得古埃及人得以接触许多不同的外来神灵，有一些外来神也在古埃及流行起来。人们会崇拜一些外来神，或者把外来神和埃及本土的神灵联系在一起。

在一封新王朝时期一位女祭司从孟菲斯寄到底比斯的信中可以看到，这位女祭司祈求得到下列神灵的祝福："在墙南边的布塔神……巴拉特（Baalat）、卡叠什（Kadesh）、阿娜特（Anat）、巴尔（Baal）、赞方（Zaphon）……和所有孟菲斯城的神灵们。"然而在信中列举的神灵中，只有布塔神是起源于埃及的神。这封信清楚地向人们展示了其他国家的神灵在古埃及受到了和万神殿众神相同的崇拜。尽管自从巴勒斯坦入侵埃及的西克索王朝（公元前1650—公元前1550）开始，人们对巴尔和阿娜特神的崇拜就已经在达尔塔根深蒂固了，然而大多数外来的神灵都源自新王朝时期，因为那个时期的法老们和埃及邻国建立了许多贸易和文化往来。

这些外来神中有一部分起源于努比亚、利比亚，或者像埃及东边的索普杜，但大多数还是源于叙利亚和巴勒斯坦地区，这也反映了在新王朝时期埃及法老对这些国家的入侵。

◀ **战争之神**

这座小塑像采用了印度人常见的姿势，左腿向前迈一步，头上戴着类似上埃及白色王冠的饰物，但源于腓尼基人。小塑像手中原本挥舞的武器，但很久以前就遗失了，但是他被认定是战神巴尔。早在中古时期，尤其在拉美希德时代（Ramesside），邪神塞特逐渐与外来的神灵一起被崇拜，因同样与战争相关，所以塞特和巴尔结合成了塞特－巴尔并为人熟知从腓尼基、迦南和叙利亚传来的神灵，包括阿施塔特（Astarte）、卡叠什和瑞舍夫（Reshef），这些神灵在古埃及被人们虔诚崇拜一直到新王朝时期。孟菲斯城是古埃及的军事基地，同时也是各种海上贸易路线集结的重要海港。在孟菲斯城中有相当一部分人是外来人口，因此这里有许多为巴尔、瑞舍夫、阿施塔特和卡叠什建立的神庙，甚至在布塔神的大型神庙中，也有许多他们的供奉处。

▶ **神的三口之家**

叙利亚女神卡叠什经常给人们展示的是她的正面裸体（或者身穿透明的衣服）形象而非侧面。她经常站在一头狮子的背上，右手拿花，左手缠绕着一条蛇。她和另一位叙利亚神——好斗的瑞舍夫，还有象征生育的埃及神——米恩组成了三口之家，所以也被人们纳入埃及神灵系统，成了古埃及人崇拜的一位女神

象征男性力量的米恩，他是一家三口中唯一一个源于埃及的神

卡叠什女神右手中的**三朵莲花**象征了性和生育

宗教的融合

在法老时代的埃及，人们崇拜的外来神灵一般都保有他们的原名。由于人们经常把他们当作典型的埃及神灵来崇拜，所以他们的形象都融合了埃及神灵的特征，如头戴王冠、假发，手拿权杖等。对外来神灵的崇拜集中于有大量外来民族居住和工作的地区。例如，女神卡叠什在德尔麦迪那（Deir el-Medina）的工匠村颇受尊敬。

卡叠什头戴哈索尔女神的头饰，并有着和哈索尔相同的发型，这些都表明了她象征着性和生育

卡叠什左手中的**蛇**预示着她具有避邪的强大力量

亚摩利（Amorite）的战争之神瑞舍夫头戴象征上埃及的白色王冠，但瞪羚头取代了蛇形标志作为王冠的头饰

▶ **生育的象征**

哈索尔从很早开始就是古埃及代表爱、音乐和舞蹈的女神。这支乐器上就装饰有哈索尔的形象。哈索尔卷曲的假发、牛耳、角、头饰和日盘都被应用于外来女神身上，以此作为她们性和生育力量的象征

▲ **外来民族对埃及神的崇拜**

从新王朝时期开始，在尼罗河谷定居的外来民族带来他们自己的神灵。但从孟菲斯城的波斯人在第二十七王朝（公元前525—公元前404）时期建造的石柱上，我们可以看到他们穿着自己国家的服装，却被雕刻成具有古埃及的风格。画面中他们正在向埃及神灵供奉祭品

奥林匹斯神

公元前332年，亚历山大大帝征服埃及之后，新统治者把希腊神灵引入了埃及。托勒密家族十分崇拜狄俄尼索斯（Dionysos），并在亚历山大城举行了许多盛大的节日来纪念他，但是当地的人们依然崇拜他们原来的神灵。

◀ **诸神之王**

希腊的万神之王宙斯被融入了埃及神塞拉皮斯的形象之中。后来罗马人非常崇拜塞拉皮斯。在伦敦的沃尔布鲁克太阳洞穴（Walbrook Mithraeum）中出土了一尊塞拉皮斯塑像

托勒密一世想要把古埃及和古希腊的文化融为一体，所他创造了一位新的神灵——塞拉皮斯。塞拉皮斯同时具有埃及和希腊众神的特征：他的形象是依照希腊主神宙斯来设定的，而宙斯在埃及却没有崇拜者。对于塞拉皮斯（塞拉皮斯的名字缘于埃及的欧西里斯和阿毕斯）的崇拜集中在亚历山大城的塞拉皮雍神庙（Serapeum）。塞拉皮雍神庙是一座古典的希腊式神庙，然而现在已经不存在了。

▼ **新的神灵**

托勒密一世创造了一位具有希腊和埃及神灵共同特征的神，这位神灵在亚历山大备受崇拜。蓄胡子的塞拉皮斯的原型就是埃及神灵奥索拉皮斯（Osorapis）——欧西里斯和阿毕斯的融合体，但同时他也具有许多希腊神的特征，尤其是宙斯和狄俄尼索斯。伊西斯是塞拉皮斯的妻子

和欧西里斯长相相似的**狄俄尼索斯**在沙漠中创立了阿蒙神庙

▲ 阿芙洛狄特（Aphrodite）的诞生

从这块带有装饰花纹的织品上可以看到，希腊女神阿芙洛狄特（在罗马被称为维纳斯）在海浪中诞生的情景。在托勒密时期，阿芙洛狄特是和女神哈索尔相对应的，因为阿芙洛狄特是象征爱的女神，而哈索尔则是“优雅的爱情夫人”。她们都有能力惩罚那些让她们不快的神或人。在登达拉的哈索尔女神的神庙中，有一块希腊式碑铭上写着：希腊人能够感受到这两位女神心意相通

对于**伊西斯女神**的崇拜，在之后的罗马时期非常盛行

◄ 众神的融合体

在托勒密王朝时期，希腊国王为了促进文化的融合，把许多埃及神都融进了希腊的万神殿中。因此，万神殿中的信徒越来越多。酒神狄俄尼索斯被融入了欧西里斯的形象当中。有一些埃及神灵保留了他们原来的身份，比如伊西斯女神，但在雕刻作品中，她穿上了希腊式的服装，并在很多细节上都可以看到希腊特征

盛行的信仰

在希腊-罗马时期，神灵崇拜开始在平民之间盛行起来。

那些君主崇拜的伟大神灵对于人们来说太遥不可及了，因为老百姓不可能因为他们生活中的需要或担心而经常去打扰神灵。因此，人们转而崇拜那些地位不高的神灵，比如伊西斯和欧西里斯的儿子赫鲁斯。因为他命中注定要不断地和危险的动物做斗争，人们认为他能够保佑自己。通过许多陶瓦上的装饰都能看出人们对他的崇拜。

◀ **赫耳墨斯（Hermes）**

托特（Thoth）是埃及掌管知识和写作方面的神，对应于希腊的赫耳墨斯——信息之神（在罗马的万神殿中他是墨丘利神）。库恩，是托特之城，后来被改名为赫尔莫波利斯玛格纳（Hermopolis Magna），意思是“赫耳墨斯之城”。希腊人把托特和赫耳墨斯都称为“最伟大的赫耳墨斯”。在希腊人和罗马人统治埃及的时期，人们把记载科学智慧和宗教信仰的文集称为《库赫耳蒙提克文集》（Corpus Hermeticum）。这是因为人们相信托特是抄写之神。这本文集集成了炼金术和一些欧洲神秘体系的基础研究。由于这本文集的神秘，使得hermetic这个单词有了“密封”的意思

赫尔莫波利斯的创世神话

古埃及的三大祭拜中心包括专门祭拜太阳神拉的赫里奥波利斯城，祭拜创世之神布塔及神庙所在的孟菲斯城，以及祭拜智慧之神托特和八神所在的大赫尔莫波利斯城。

古希腊-罗马时期（公元前332—公元395）伟大的埃及祭祀中心库恩（Khmun）更名为赫尔莫波利斯玛格纳，但与它相关的神话确实如古王朝时期（公元前2686—公元前2181）的金字塔文中提到的诸神一样古老。正如许多古埃及文献一样，赫尔莫波利斯的创世神话并没有作为单一一派而保留至今，只能从新王朝时期（公元前1550—公元前1069）其他文献的只言片语中推测其内容。

正如古埃及神话所描述的宇宙起源，整个黑暗世界弥漫着浑水之神努恩的踪影，未知时代的汪洋深不可测、混沌而无形。不难想象这种混沌犹如尼罗河洪水泛滥的景象，被海水覆盖着的地域里静静地沉积着肥沃的淤泥，努恩控制的黑暗物质正蕴育着将使世界成形的创世力量。

埃及的卵形纹墓并不鲜见，上面的螺纹装饰物代表太阳诞生时发生的卵裂

▲ **原初之卵**

据赫尔莫波利斯创世神话，八神并没有亲自创造世界，而是设法把创世神从海洋里放出，使其苏醒。其中的一个版本是这样描述的，创世的太阳神来自原初之卵。而此卵是如何形成的，古埃及的文献中说法不一。一种表述是原初之卵乃八神的模型，在阿蒙的呼吸中得以受精；另一种表述是原初之卵由赫尔莫波利斯城神鸟鹭鸶所产，被智慧之神托特赋予人形。不管怎样，在所有版本的描述中，原初之卵都位于原初之丘的干地上，从那里孵化出太阳

八神

在赫尔莫波利斯创世神话中，这种创世力量来自四位男神和四位女神，他们两两配对。这八位神合称为八神（Ogdoad，源自希腊文中的“八”），分别是代表水的努恩和纳乌奈特、代表黑暗的库克和库克特、代表无垠无形的赫荷和海特及代表空气或潜能的阿蒙和阿蒙奈特。

▶ **八神中的女神**

八神中的四位女神皆蛇首人身。因为蛇是尼罗河洪水退去后出现的第一种动物，自然被选为女神的形象，来与蛙首人身的男神配对

▼ **神话起源**

尼罗河洪水泛滥时，上涨的洪水卷裹着淤泥冲垮堤岸，洪水退去后地面上留下众多肥沃的小丘，促使埃及人信奉无垠水域即创世之源。洪水退后出现的第一块陆地，就是其他神话中提到的原初之丘和赫尔莫波利斯的“火中之岛”

▲ **神眷**

阿蒙和阿蒙奈特是八神中的一对。阿蒙受底比斯牧师的膜拜，此处女神姆特站在他妻子阿蒙奈特应该站的位置上。但在尼罗河西部300千米处利比亚沙漠中的达赫拉绿洲，这对神眷就一起被供奉在德尔哈加神庙里面

▶ **创世之主**

把蛙选为八神中男神的形象，反映了古埃及人对自然界的敏锐观察力。蛙自水生且性喜水，它从蝌蚪长为成蛙完成独特的生命循环，这代表着自混沌中来且死后复活的转变过程

▲ **奈弗特恩（Nefertern）和莲花**

奈弗特恩是原初莲花之神，他戴着莲花头饰或者是莲花直接长在头上的样子。太阳来自莲花，奈弗特恩与太阳神拉相关。在金字塔文中，他被描述为拉神鼻子前的一朵莲花。在孟菲斯城，这位神被看作是布塔和塞赫迈特的儿子，但在三角洲地区他被认为是眼镜蛇女神瓦吉特（Wadjet）的儿子

▼ **法老乃太阳之子**

新王朝时期的太阳神庙，常常把法老描述为原初莲花上端坐着的太阳之子。这表达了一种信仰：太阳每夜穿越阴间，黎明复活再创世界。《死亡之书》中有一个法则，亡者入莲花，复活莲花开。法老是太阳之子的雕塑是在图坦卡蒙统治时期最为常见

▲ **奥索孔（Osorkon）的护身符**

护身符上的题字描述着原初莲花的创世神话，它的首位拥有者就是奥索孔王子，他的祖先早在第三过渡时期（公元前1069—公元前747）就是利比亚一个名为“马”（Ma）的部落的统治者。他左手握着象征王权的钩状物，头上的圆盘象征新生的太阳。两条保护他的眼镜蛇给他戴上代表不朽的项圈。护身符本身就在这个不朽的项圈里，用强大的魔法催发复活和新生

八神诞生的传说有很多版本，其中之一就是他们通过意念在原初之海里创造了第一块干地，也就是“火之地”。在那里，原初诸神创造了他们的儿子——经过阿蒙呼吸而受精的一颗卵，最终诞下创世之神。在赫尔莫波利斯城，这位创世之神大概相当于托特的角色。

从混沌中出现

另外一个版本就是八神从原初之水中催开了莲花，从中诞生了一个象征冉冉升起的太阳的甲虫，之后甲虫变成了太阳之子，他是一个把手指放在嘴唇上的婴孩。

八神完成任务后死去并被埋葬在底比斯的西岸，那里还有哈布城（Medinet Habu）的神庙。八神虽死，但灵魂不死，他们从坟墓中注视着尼罗河的滔滔洪水。

◀ **敬献莲花**

尼罗河湿地上丰富的水生植物有着诸多宗教上的象征意义，但以蓝莲的象征性最为丰富。这种植物的花朝开夕落，似乎讲述着每天的更迭。在赫尔莫波利斯城的创世神话中，莲花处于一种中心地位。这幅图描绘的是在祭祀仪式中由祭司代表法老敬献金莲。“收到诞生创世神的金莲，可以悄无声息地驱散黑暗”

阿毕斯神牛

阿毕斯神牛象征着肥沃多产和创世之神布塔健壮的体格，早在第一王朝时期（公元前3100—公元前2890）就被提及，可以说是古埃及最受尊崇的一种神兽。

古埃及的宗教与他们的自然环境和共存生物息息相关，他们的神往往被刻画成动物或者是兽首人身的形态。作为特选的一种个体，神牛阿毕斯是最为典型的例子。牛一旦被祭司选中并膜拜为阿毕斯的神牛，就会过上奢华和荣光无限的生活。

希腊-埃及（Greco-Egyptian）神

据第一王朝的文献记载，最初阿毕斯象征着肥沃多产，后来演化为布塔健壮体格的象征。阿毕斯的文化中心位于孟菲斯城，在那里布塔是主神，建有他的主神庙。

阿毕斯有众多不同的形式。在他死后，他被称为欧西里斯、欧西里斯-阿毕斯，或者奥索拉皮斯（Osorapis）。在托勒密时期，托勒密一世（公元前

知识窗

神牛下葬

神牛死后，整个国度都要为之哀悼。在孟菲斯，牛尸经防腐处理后，使沿着圣路被带到萨卡拉，装入石棺下葬到神牛的地下陵寝。1851年奥古斯特·马利艾特（Auguste Mariette）发现，早在新王朝时期，塞拉皮雍神庙就被用作地下陵寝了。

神牛之母被看作是伊西斯的象征，也以神牛的下葬方式葬在位于萨卡拉北部的神牛之母的地下陵寝。神牛之犊的下葬也要举行仪式，但目前还未发现下葬地。

305—公元前285年在位）把埃及和希腊的宗教结合起来，将阿毕斯和希腊诸神融合，包括宙斯、哈迪斯（Hades）和狄俄尼索斯（Dionysos），后来成为塞拉皮斯。

选择神牛

根据其显著标识和体格特征，神牛是经过古埃及祭司精心挑选的。据希腊历史学家希罗多德（Herodotus，公元前485—公元前425）记载，神牛必须具备“前额有黑底菱形白斑，后背上有秃鹰形状花纹，舌头上有圣甲虫纹路，而且尾巴要双色”的体态特征。

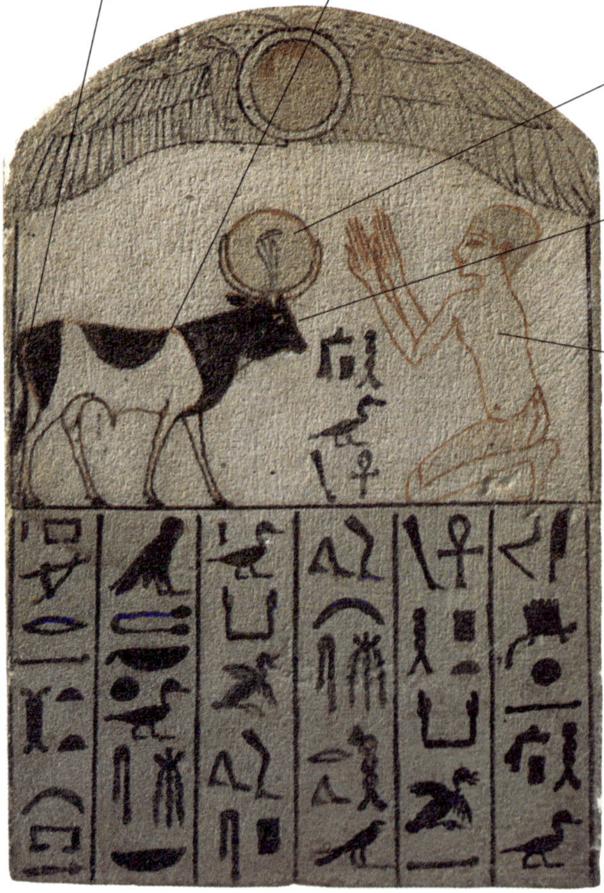

◀ **纪念石碑**

在萨卡拉（Saqqara）的塞拉皮斯神庙矗立着数以百计的纪念阿毕斯神牛的石碑，表达着人们对这些神奇动物的崇敬。这幅图上画着正在接受人膜拜的一头阿毕斯神牛，它全身有着独特的花纹，而且两角之间有日盘

▲ 塞拉皮雍神庙

这幅雕像描述的是奥古斯特·马利艾特发现的塞拉皮雍神庙的入口。马利艾特游历埃及，找到科普特文（Coptic）手稿并捐献给了巴黎的卢浮宫。后来受古希腊历史学家和地理学家斯特雷波（Strabo，公元前63—公元21）的启发，他找到了由狮身人面像通往塞拉皮雍神庙的路和秘密入口

▶ 描述阿毕斯神牛

自史前时期起，古埃及人就认为每一种生命形式都是神的表达，因而他们的诸神都具有动物的形像。比如赫鲁斯是猎鹰的形象，而死神阿努比斯则被描述为豺的样子。阿毕斯往往是牛头人身的铜雕像，有点像希腊神话中的人身牛头怪物

▶ 从阿毕斯到塞拉皮斯

当亚历山大大帝征服埃及时，他认为自己是埃及的主宰，并重新对古老的政治宗教结构进行了改革。托勒密一世承继了类似政策，他融合希腊诸神和人们对阿毕斯神牛的本土崇拜创造了塞拉皮斯，也许这是为了推动政治文化统一的手段吧

动物墓地

从地中海到第一大瀑布，整个尼罗河沿岸的墓地上埋葬着各种受崇拜的动物，比如鹰、狗、狒狒、猫、公羊、鳄鱼和牛等。一些墓地甚至埋有数以千计的动物木乃伊。

古埃及诸神往往被描绘成动物的形态。这不仅是因为兽类值得崇拜，更因为它们本身就隐含神的特征。比如狮子有塞赫迈特女神活力四射的特质，公羊也有克奴姆那样强大的繁殖能力，而鹭鸶和狒狒则象征托特具有的高超智慧。

活着的膜拜对象

在神庙，人们对动物神以两种形式进行膜拜：一种是祭拜寺庙内放置的动物雕像，另一种是向寺庙里养着的活的动物表达敬意，两者具有一样的分量。

神牛死去时，祭司给它们涂上防腐剂并用盛大的仪式把它们送到墓地。在这之前，经过严挑细选，祭司早已物色好新的神牛。最著名的动物墓地位于距离孟菲斯不远处的萨卡拉塞拉皮雍神庙。数百年过去了，隧道和拱顶网格构成的墓地里面到处是石棺，里面装着一批批阿毕斯神牛的木乃伊。

◀ **数以百万计的鹭鸶**

一些专家认为古代杀死动物并将其做成木乃伊的举动，导致了一些本土物种的灭绝，比如来自古埃及的鹭鸶。至少有400万只鹭鸶木乃伊葬于萨卡拉祭拜托特的动物墓地里面

▲ **托特神**

图纳格贝尔（Tuna el-Gebel）是赫尔莫波利斯的墓地。这里主要埋葬有三大类动物，其中有象征智慧之神托特的狒狒和鹭鸶

► **神牛石棺**

萨卡拉的塞拉皮雍神庙是祭拜和埋葬阿毕斯神牛的地方。在那里，奥古斯特・马利艾特挖掘出了二十多个重达80吨的石棺，只有一个石棺内还留存着神牛木乃伊，其他石棺已被洗劫一空，很可能是基督教罗马君王出于对塞拉皮斯的崇拜而进行的迫害。目前已知的最为久远的神牛下葬是从阿蒙霍特普三世（公元前1390—公元前1352年在位）开始，一直延续到托勒密时期

▲ **沉寂的哨兵**

在图纳格贝尔的动物墓群里面，一尊戴着月盘王冠的狒狒雕像驻守着通往地下走廊的入口。走廊交界于保存着狒狒和鹭鸶木乃伊的地方，这些动物都是由赫尔莫波利斯的托特神庙的祭司在仪式上宰杀的。在地下古墓中心的一座教堂里，还有以狒狒形态出现的托特雕像

塞拉皮雍就位于萨卡拉的乔赛尔（公元前2667—公元前2648年在位）阶梯金字塔的西北

▲ **萨卡拉塞拉皮雍神庙**

1851年，人类学家奥古斯特·马利艾特受古希腊地理学家斯特雷波的启发，找到了从狮身人面像通向萨卡拉的塞拉皮雍神庙的道路，那里是阿毕斯神牛的故土，受着孟菲斯附近子民膜拜的布塔的现世化身。他沿着那条路找到了通往神兽埋葬地的地下陵寝的入口

陵寝中不光有神牛木乃伊，还有拉美西斯二世的儿子赫美瓦塞特（Khaemwaset），他在那儿扩建了隧道和拱顶

古希腊地理学家斯特雷波所说的祭拜神殿里的残骸已**所剩无几**

▼ 萨卡拉的动物

在距离乔赛尔金字塔大约700米的地方，也就是萨卡拉古墓群的西北部，英国人类学家艾玛利（W. B. Emery）发现了大量动物墓群，其中还包括碑文记载着的诞下阿毕斯神牛的母牛木乃伊。此外，那里还保存有象征智慧之神托特的狒狒和鹭鸶，与赫鲁斯紧密相关的鹰以及各式各样的猴子

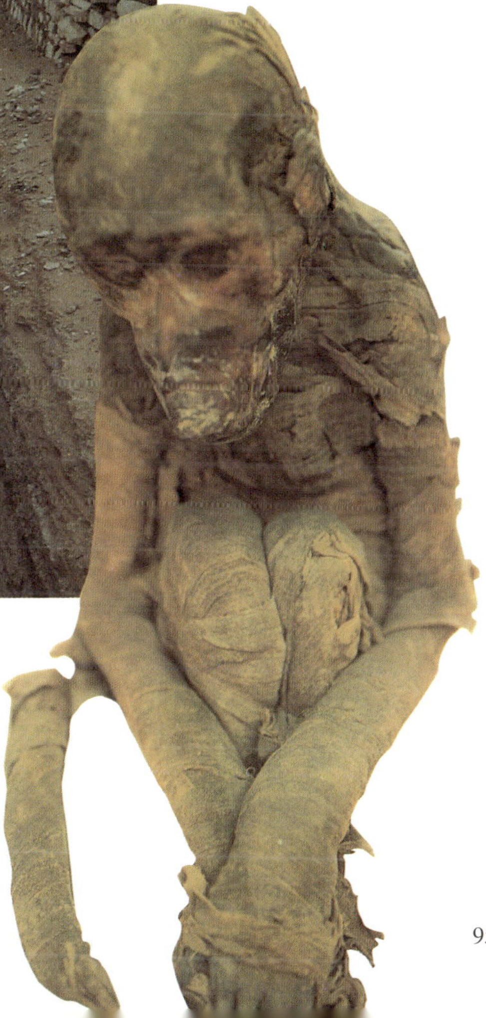

在古埃及末期(公元前747—公元前332),对兽类的神化开始普遍。杀死动物或者即便是因意外而使动物死去也会被认为是犯了重罪,动物尸体会被送往某一特定的城镇或地区加以祭拜。

▲ **布巴斯提斯(Bubastis)古墓**

离埃及三角洲地区布巴斯提斯古墓不远处的地下古墓里,有服侍贝斯特(Bastet)女神的祭司派去给女神传递信息的猫木乃伊

杀死信使

唯一的例外就是在祭礼上祭司可以杀死动物。比如,埃及人若想表达对贝斯特的感恩并为她祈福时,往往会到服侍猫神的祭司那里去买一只他饲养的猫。之后祭司就会把猫扼颈杀死,对尸体进行严格的防腐处理。猫木乃伊会被置于石棺或者罐子里,葬于古墓。一旦猫顺利复活,它会找到贝斯特女神并传递请愿者的信息。

▼ **贝斯特形象**

神兽木乃伊的外部往往会按照欧西里斯的外部轮廓包裹起来,四肢与身体紧紧缚在一起,仅仅留下头部可被辨认出来。只有猫例外,以它自己自然的形状加以保存,目的是为了说明它曾经是一位身居高位的人的宠物,抑或是为了表达对贝斯特女神特殊的敬意,感谢她守护着人们安居乐业

▲ **鳄鱼木乃伊**

考古学家现已发现数以千计的鳄鱼木乃伊，这种象征索贝克神的神兽年龄不一且尺寸不同，它们被葬在麦迪那特–法尤姆（Medinet el–Fayum）祭拜中心专门的墓地里。鳄鱼被小心包裹成一定的几何形状。在神明祭拜中心以外的地方，鳄鱼往往被渔民看作是恐怖和邪恶的象征

死去的猫穿着宽领衣服，向摆有食品祭物的桌子凝望着

在盖子上写着**猫的绰号**“欧西里斯 塔–米特”（the Osiris Ta-Mit），意为伟大的神

◀ **深爱的宠物**

在孟菲斯发现的石棺上写着此棺是为一只宠猫而做，它曾为阿蒙霍特普三世早夭的大儿子图特摩斯所深爱。古埃及人可能非常喜欢身边的动物，所以常常把它们画下来。动物死后会被妥善埋葬，目的是让它们的魂魄归来后与主人相聚。与人类木乃伊一样，死去的宠物也会有 些象征性的供养祭品

这个框内标明逝去的动物是“猫”，如果它有名字，就不这么写

奈芙蒂斯女神跪在象征黄金的物件面前，伊西斯采取相同的姿势在另一边

◀ **鳄鱼墓地**

在阿斯旺（Aswan）北部40千米处有一座上埃及康孟波神庙，那里有些建筑是第十八王朝（公元前1550—公元前1295）时期的遗迹，但多数留存至今的建筑物来自托勒密和罗马时期。这座神庙为纪念索贝克（Sobek）和哈罗埃里斯（Haroeris，赫鲁斯的别称）而修建，他们分别由鳄鱼和鹰代表。寺庙的一个水池里养着一条鳄鱼，它同索贝克雕像一样得到人们的尊敬。鳄鱼死后会被做成木乃伊，并葬于陶棺

赫鲁斯是法老的保护神

古埃及从前王朝时期（公元前5500—公元前3100）到古希腊-罗马时期（公元前332—公元395），对于赫鲁斯这个鹰首人身的神的崇拜非常普遍。

古埃及神话里记载，赫鲁斯是欧西里斯和伊西斯的儿子，他为了报杀父之仇与他的叔叔塞特大战80年。赫鲁斯占有下埃及，而塞特占有上埃及，战斗最终以赫鲁斯统一上下埃及而告终。法老被认为是尘世间赫鲁斯的化身。赫鲁斯调节着凡俗与神明之间的平衡以维持世界秩序，死后他就成为欧西里斯。

多种形式的神

在古埃及，赫鲁斯广受崇拜，他是一位战神，打败了塞特和天日月神。

历史档案

“小赫鲁斯”

希腊人所称的哈波奎特斯（Harpocrates）也就是“小赫鲁斯”，是希腊-罗马时期的一位神，人们信奉他是太阳的化身。他与伊西斯和欧西里斯组成三神组合，在古埃及广受崇拜。他是王位继承人，也是肥沃多产的象征。哈波奎特斯常被描绘成一个留着儿童发型的裸体孩童，总把食指搭在唇边。

◀ "大赫鲁斯"

哈罗埃里斯神，或"大赫鲁斯"，他是光神，他的眼睛代表着日月。希腊人称之为阿波罗（Apollo）

赫鲁斯戴着上下埃及的王冠，象征着他统一了整个国家

赫鲁斯交给法老这个**T形十字章**，那是生命与福祉的保证

▶ 赫鲁斯是法老的保护神

法老是尘世间赫鲁斯的化身，他给苍生以福祉并赐世界以有序。法老和这位鹰首人身的神明经常是平起平坐的

▶ **赫鲁斯王衔**

赫鲁斯是五个古埃及王衔中最古老的一个。王宫门面上通常有许多小格子，顶部的是赫鲁斯。法老的名字写在矩形框内。赫鲁斯王衔代表了鹰神和法老之间的紧密关系

法老被认为是尘世间赫鲁斯神的化身，具有神赐的魔力

赫鲁斯**戴着双王冠**，和书吏阿尼（Ani）看望冥界主宰欧西里斯

阿尼跪拜于欧西里斯面前。王座后面是伊西斯和奈芙蒂斯，而赫鲁斯的儿子们则端坐于欧西里斯前面的莲花上

◀ **赫拉克提（Horakhty）**

赫拉克提是指“地平线上的赫鲁斯”，在古王朝时期（公元前2686—公元前2181），赫拉克提就与太阳神拉有紧密联系，后来两位神融为一体，古埃及人为他们修建了专门的祭拜神庙。拉-赫拉克提被认为是初升的太阳

欧西里斯手握王权徽章，头戴阿特夫王冠

▲ 来世的赫鲁斯

赫鲁斯的任务不仅限于保护人间的生灵，作为冥界主宰欧西里斯的儿子和继承人，他还把守着逝者的坟墓和停尸房的祭品。《死亡之书》中描绘了赫鲁斯与逝者手牵手，去见欧西里斯的场景

▲ 赫鲁斯之眼

赫鲁斯之眼即乌加特之眼，代表着神明的庇佑和至高无上的权力

哈波奎特斯，也就是“小赫鲁斯”是太阳的化身，保护人们免受蛇咬蝎蜇。哈罗埃罗斯，即“伊西斯的儿子赫鲁斯”，是能够让其死去的父亲张嘴的神，寓意着他是尘世间王位的继承人。

战斗中的魔力

在莱特奥波利斯（Letopolis）、“鹰城”赫拉克波利斯（Hierakonpolis）和贝迪特这些祭拜处，赫鲁斯被描绘成长着翅膀的日盘。在艾得夫，赫鲁斯与哈索尔以及他们的儿子哈索姆特斯一起接受人们的膜拜。

▼ 艾得夫的赫鲁斯神庙

在托勒密时期，埃及人重建了赫鲁斯神庙，这是现在埃及保存最为完好的神庙群。这座高36米、宽137米的塔门是埃及著名的古建筑之一

▶ **赫鲁斯的儿子们**

赫鲁斯的儿子伊姆塞特(Imsety)、杜米特夫(Duamutef)、哈碧(Hapy)、克布塞努夫(Qebe-hsenuef),他们的头部分别以人、犬、猿和猎鹰的形态出现。据说他们是内脏的守护神。从新王朝时期起,带盖的卡诺皮克罐子就被做成这些保护神的形状用来盛放死者的内脏

塞德节

塞德节是古埃及最重要的节日之一，节日当天，法老要接受臣民的朝拜，象征他拥有绝对至高无上的权力。原则上来讲，这个节日在法老执掌王权30年后第一次举办，之后每两到三年举办一次。

一般来讲，法老应在登基30年后才欢度塞德节。但实际上，像女法老哈塞普苏那样的统治者为了巩固自己的王权，提早很多年就举办塞德节。并非所有的法老都举办塞德节，最早有记载的是第一王朝时期的法老登（Den，公元前2975—公元前2935年在位），幸存下来的最早建筑是乔赛尔（公元前2667—公元前2648年在位）阶梯金字塔。

塞德节的耗费各不相同，除了少数较为节省的法老以外，其他的法老比如女法老哈塞普苏、阿蒙霍特普三世和拉美西斯二世都挥霍无度地举办旷日持久的塞德节。

◀ **塞德节上的服饰**

从这幅位于迈德姆德（Medamud）的战神门图（Montu）神庙中的浮雕中可以看到，辛努塞尔特三世（Senusret III，公元前1874—公元前1855年在位）穿着塞德节的服饰。他一身长白衣，手持象征长寿的锯齿棕榈枝，头戴红色王冠，背部的镜像（未画出）表明王冠后面是白色的。上下埃及统一的象征描绘于王座的一侧

▲ 塞德节的庭院和教堂

盛大庆典可为活着的法老举办，也可以为死去的法老举办。法老死后，人们相信他在来世依然会庆祝他的塞德节。在萨卡拉的葬礼举行地，乔赛尔阶梯金字塔就是为此而修建的

知识窗

曼图霍特普二世

1900年，在底比斯西部德尔巴哈里的曼图霍特普二世（公元前2055年—公元前2004年在位）的寺庙里面，霍华德·卡特（Howard Carter）发现了保存得非常完好的法老雕像。这是在法老的埋葬地找到的，后来转移到了纪念塔里面。

这尊雕像以白色亚麻布覆身，说明塞德节上法老所穿服饰就是如此。为仪式而刻画的胡子和黝黑的皮肤，说明他被装扮成死神欧西里斯，旨在重演他复活的故事。

可见塞德节上的服饰与法老来世的复活紧密相关。

▶ 仪式上的奔跑

在红色教堂的浮雕上，女法老哈塞普苏正在进行塞德节上的一次重要仪式，那就是奔跑。这位女法老在她执政16年后举行了塞德节仪式，她故意地把她的统治日期追溯到她父亲图特摩斯一世（公元前1504—公元前1492年在位）执政时期，就是为了凑够30周年

哈塞普苏手中的**连枷**是王权的象征

直直的假胡子是法老的标志

阿毕斯神牛是孟菲斯城布塔神的神兽

上埃及的**白色王冠**

哈塞普苏手里握着一张**莎草纸**，上面的标题旨在说明法老拥有整个埃及国家

王室的缠腰带短而多褶，它的使用可以追溯到埃及历史的开端

古埃及常常会修建一些纪念堂和庭院来举行塞德节庆典，仪式往往选择在尼罗河洪水开始退潮的早上举行。在王室成员和权贵的围观下，法老首先举起代表欧西里斯脊椎的死亡柱，祈求神的复活和稳定长存。

接下来法老重新加冕，依次戴上代表上下埃及王权的王冠，以确保其对整个埃及的统治地位。之后法老一般会在一座特殊的庭院里象征性地奔跑，跨越代表国家疆域标识的分界线。仪式结束后，人们便载歌载舞并大快朵颐起来，之后彼此交换礼物和纪念品。

乔赛尔墓穴全景和阶梯式金字塔

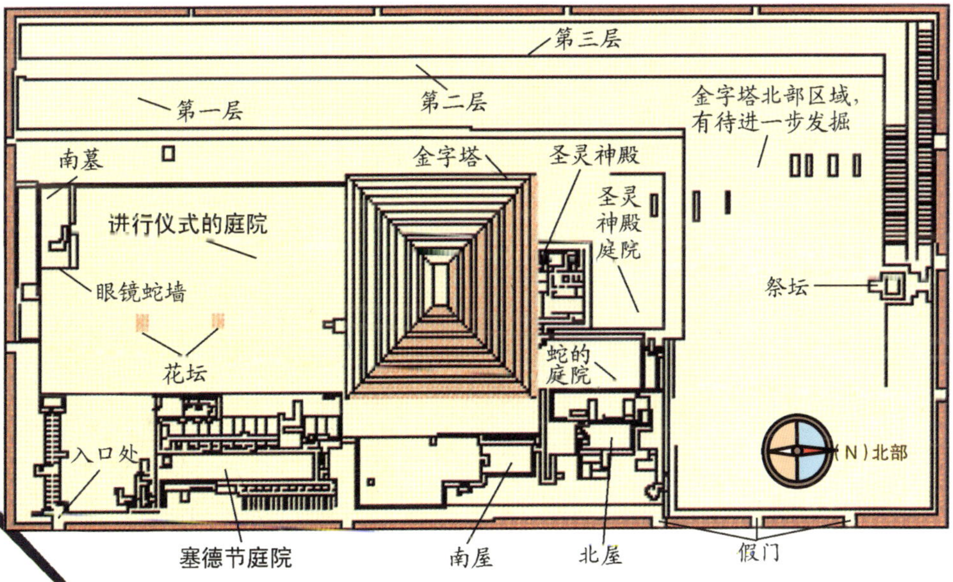

▲ **塞德节庭院**

在塞德节仪式上，法老为了证明自己体格的强壮，要在象征自己国家疆域的两个石头建筑物之间奔跑。在乔赛尔阶梯式金字塔上绘着的葬礼图案中，可以看到通过入口举行仪式的巨大庭院

仪式种类

尽管塞德节上有固定的仪式，但有时候会因时因地采用不同的方式。在新王朝时期（公元前1550—公元前1069），以王船进入游行队伍来模拟太阳神每天的旅程，而在阿蒙霍特普三世在位时，专门因为这个仪式而开凿了人工湖。

▼ 哈塞普苏的太阳之旅

这幅卡纳克红色小教堂里的浮雕展示的是王船经历着太阳神从天上到黑暗世界的日夜之旅

◀ 无名法老的塞德节

这个第一王朝时期（公元前3100—公元前2890）法老的象牙小雕像是在阿拜多斯神庙中发现的。他穿着絮状织物，雕像上甚至连细节都能看得很清楚

象形文字，意为“阿蒙–拉，生命的给予者和天神”

冉冉升起的太阳象征着太阳的死与重生的循环，也寓意着塞德节期间法老的青春焕发

在法老重获王权之前，**有两个行列**，游行的王船一个扮演着晚上，一个表达着白天

塞德节上的宾客都来自王室和高官家庭，有时候也有**特邀的外国贵客**

象征之旅上，**王船上**载着法老。有些塞德节的仪式主要在圣湖上完成

◀ **阿蒙霍特普三世(Amenhotep III)**

在阿蒙霍特普三世执政的第30年,举行了他经历的三个塞德节中的第一个节日。他在底比斯尼罗河西岸的马尔卡塔(Malkata)修建了一座特殊的宫殿。阿蒙霍特普三世早在节日前很多年就开始着手准备,为了再现前任法老的塞德庆典,他派人去学习神庙宗卷并造访古址

◀ **载歌载舞**

这座石灰浮雕来自提伊王后(Queen Tiys,公元前1410—公元前1340)的仆人赫鲁夫(Kheruef)的坟墓,他是阿蒙霍特普三世塞德节的主要组织者。这座浮雕展示的是两位王室儿童在摇着拨浪鼓,发出咔嗒咔嗒的响声,旨在祭拜复活之神哈索尔。据说她能使所有的法老重生、焕发青春并重新取得王权

奥帕特节

每逢重大节日，诸神的雕像会被抬到街上进行游行，其中奥帕特节就是为了纪念阿蒙举行的节日。

古埃及的神庙里，只有第一所庭院是对公众开放的。通往内部寺庙（尤其是放着神像）的道路只有祭司和法老可以通行。平民只能在盛大节日时才可以近距离接触神像，而且彼时的神像也是放在神龛里的。

诸神之旅

每年的奥帕特节是在尼罗河洪水季的第二个月举行。节日最初出现在第十八王朝（公元前1550—公元前1295）时期，该节日历时11天。但到了第二十王朝（公元前1186—公元前1069）时期，该节日便长达27天之久。

因为这个节日，阿蒙、姆特和孔斯的神像会从卡纳克神庙被运到卢克索神庙。早期的节日游行，从卡纳克到卢克索，装有神像的神龛经神船走陆路，而返程的路途将在尼罗河上完成。后来，整个旅程都是用仪式船只在尼罗河上完成的。

▶ **阿蒙神**

底比斯的奥帕特节是为了纪念阿蒙而举行的。节日的高潮部分就是阿蒙从法老那里重新取得权力，成为地球的主宰

▼ **陆上游行**

从卡纳克到卢克索，神像被放到船上进行节日的游行，卢克索柱廊墙上的浮雕所绘的就是游行的场景

▲ **阿蒙的旅行**

祭司肩扛阿蒙神船向尼罗河走去，他们把神船放到一艘大船上。起初，阿蒙的河中旅行路线仅限于卢克索与卡纳克之间，但后来他们的足迹遍及整个尼罗河流域。神船通常被王室船拖曳，或被纤夫向前拉进

这是在游行路线上向阿蒙敬献的**祭品**

在狮身人面像的沿线修有**驿站**，供游行中的船小憩

几位祭司扛着神船和神龛

知识窗

现代节日

时至今日，仍有一些古埃及的风俗和节日保留下来。在卢克索，人们都会欢度一年一度的奥帕特节日，举行游船活动来纪念沙伊赫·阿布尔哈戈（Sheik Abu'l-Haggag）。庆典的高潮就是迎接沙伊赫到达那座13世纪修建的阿布尔哈戈清真寺，尼罗河上游行的船只队伍中，会有一艘象征阿蒙船的小帆船停泊在卢克索神庙附近。

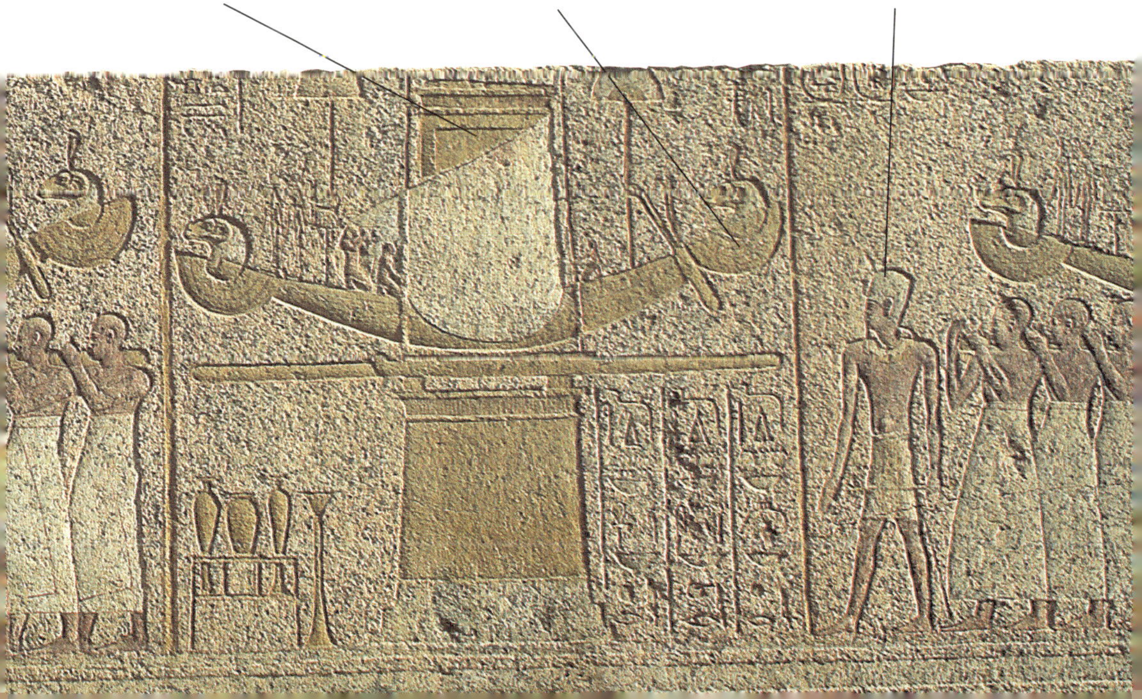

除了众神和王族的船只外，牧师、舞女、乐师和士兵的船只都会加入游行的队伍中。抵达目的地后，领头船登岸接受万民欢呼。人们列队向神庙敬献祭品。与庆典船在一起的祭司和仆人挥舞棕榈叶，他们派发着香料和圣水并朗诵圣文。

◀ **"南方一千零一夜"**

埃及文里面的卢克索神庙是阿蒙的"南方一千零一夜"（奥帕特），因为在这里阿蒙的能力超强。晚上阿蒙重生，整个世界便诞生了

只在头颅侧面留着一束头发的**王子们**，也加入了庆典行列

一位祭司特地敬献了一头壮硕的公牛

重新取得法老的权力

在卢克索神庙前举行欢迎仪式。姆特和孔斯的船停在阿蒙霍特普三世修建的庭院里，而阿蒙的雕像则安放在附近的教堂里面。接下来的仪式中，阿蒙象征法老的母亲，让他的儿子“复活”并拥有绝对的王权。

▼ 祭品

在奥帕特节日期间，到处都在举行各式各样的祭祀仪式，一堆堆小小的祭坛沿着街道成行摆放，而法老的祭品则被摆放在神庙中

牛肉是特别节日里的祭品，尤其以左前腿肉为最美

被切成圆锥形的祭品由与神牛并排走的两位祭司抬着

▶ **生育之神**

在卢克索，阿蒙以色鬼阿蒙－米恩（Amun–Min）的形式出现，据传他与法老的母亲苟合产下王的灵魂卡（Ka）。法老在神庙内部与其灵魂合二为一而成为神

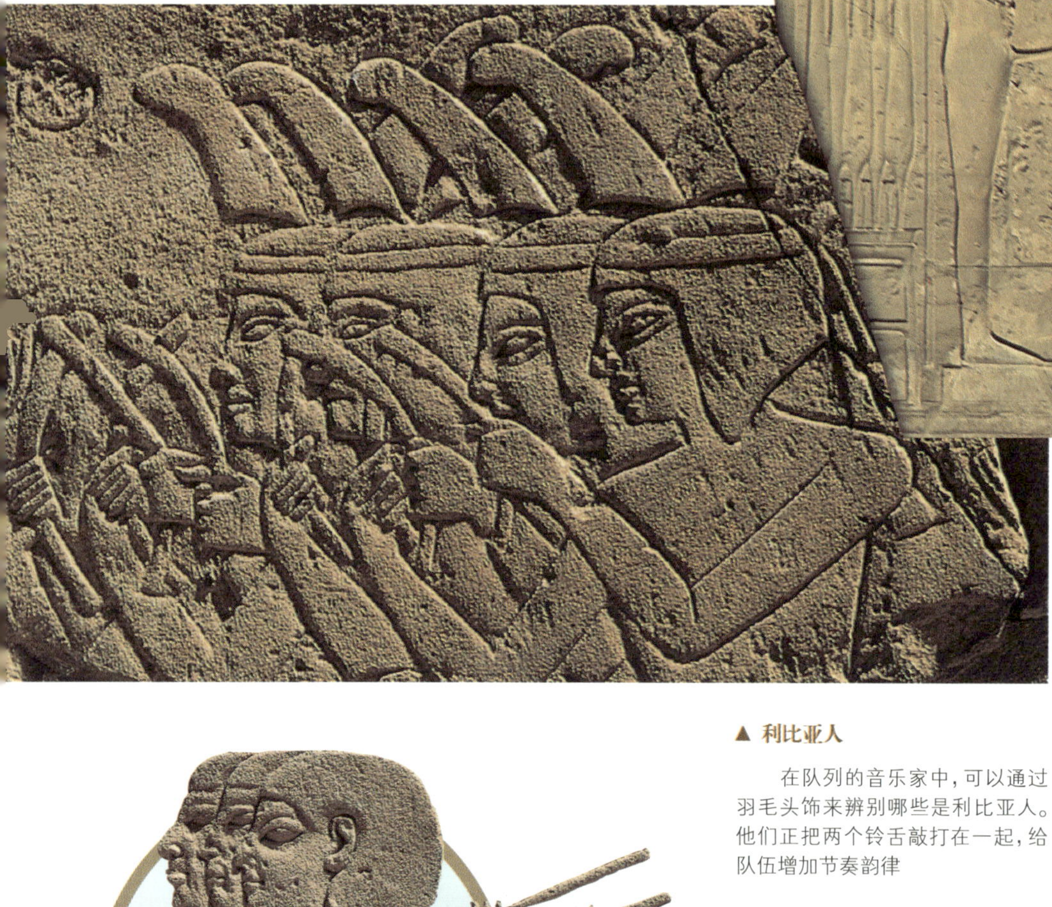

▲ **利比亚人**

在队列的音乐家中，可以通过羽毛头饰来辨别哪些是利比亚人。他们正把两个铃舌敲打在一起，给队伍增加节奏韵律

◀ **音乐家**

音乐家弹奏着琵琶。在奥帕特节的时候，他们是护送神船的随从

祭司，神的仆人

从理论上来说，法老作为每一个宗教仪式的最高祭司，是唯一一个被允许膜拜神明的人。即使是法老也不能同时出现在两个以上的圣所，因此需要祭司们参与神庙的日常仪式。

埃及的每一个城市都崇拜着各自的神，但该神的重要性——包括供奉他的神职人员——取决于城市等级的高低。在很长一段时间内，阿蒙是一个地位较低的神，被上埃及的一个很小的城镇敬拜着，然而当底比斯上升为首都后，阿蒙的地位也上升到了统治地位。最初阿蒙神仅仅由几名高级祭司敬拜，但是，当他成为代表埃及王权的神之后，阿蒙拥有了埃及最多的神职人员。

▶ **神的住所**

神庙建立在一道普通的砖墙后面，这道砖墙保护神庙免受来自外界的破坏。祭司们必须洁身自好才可以在神庙中工作

祭司的等级

在大型神庙，所有的神职人员都有严格的等级划分，尽管各个地方、各时期的具体细节不同。处于最高阶层的是大祭司，或者称为“第一先知”，是法老权威的个人代表，并且有一些高级祭司协助他的工作。作为可以接近圣殿里神像的唯一官员，这些祭司们拥有相当大的宗教权力，控制着神庙的财物和地产。他们还负责监督书吏祭司和疏通水道祭司，前者的工作是撰写宗教文章以及抄写经文；后者通常人数众多，负责各式各样的工作，从净化石碑到运送神用的圣船。

大多数祭司并不是永久任职的。他们被分为四或五队，或者按种族（希腊文叫“tribes”，而埃及文为“saw”或者“watches”）分，每隔四个月为当地的神庙服务一个月。例如书吏祭司可能是某些低级官员，而疏通水道祭司则可能是一些工匠。这些祭司并不是无偿任职的，很多宗教机构是盈利的，因此祭司也可以得到神庙收益中的分红。许多职位是父子相传的，而有些则可以通过购买得到。

除了这些基本的等级之外，还有很多专职祭司，如殡葬祭祀和“风水祭司”。殡葬祭司为死者主持最后的葬礼仪式；而“风水祭司”是天文学家，懂得预测吉辰凶时，选择节日庆祝最适宜的日子。还有一些例如宗教歌唱者和神庙音乐家，他们大多来自贵族妇女阶层。

陶盆用于收集在仪式上净化时倒出的水

金杯，如同水瓶（hes-vase）一样，是神庙仪式中的一件神圣的物品

供奉在神庙中的圣水是通过一个形状独特的**水瓶**中净化而来的

▶ **男祭司与女祭司**

不在神庙任职期间，祭司们的生活和其他埃及人并没有什么不同；而在服务神庙的时间里，他们必须严于律己，遵守礼仪。经过选拔的女祭司主要负责为主神跳舞歌颂。供奉爱神哈索尔的祭司大多是女性，尤其是在古王朝时期和中古时期

一些低级祭司的**服装**——普通的埃及短裙，在很多浮雕上可以看到，他们和其他平民的穿着是一样的

欧西里斯和祭司

这幅插图，来自拉美西斯三世帝王谷神庙的浮雕。它描绘了欧西里斯正在接受身穿标志性豹皮的祭司供奉的祭品。

伊西斯在阅读着象形文字

欧西里斯，戴着太阳头冠，有个蛇形标记配在蓝色王冠上

冥界的统治者，欧西里斯是死后灵魂所崇拜的神

死者的灵魂也被欧西里斯的妻子伊西斯照管着

▼ 宗教监督员

第四王朝（公元前2613—公元前2494）的一位重要人物伊特提（Iteti），是哈夫拉王（Khafra）金字塔里的祭司监督员。在古王朝时期（公元前2686—公元前2181），王室陵区内会安排相当数量的神职人员来侍奉死去的法老

◀ 法老是唯一能够向庙中的神进贡祭品的人，也是唯一能够与神一起被刻画在神庙墙上的人。然而，在为了供奉死者而不是神建立的庙里，死者可以通过向神供奉祭品而得到神的眷宠。在19世纪普利斯・德・阿文尼斯（Prisse d'Avennes）的这幅作品中，欧西里斯正在接受祭司供奉的祭品和酒

▼ **圣水**

在卢克索附近的卡纳克矗立着祭拜阿蒙神的庞大神庙群，祭司们的住所沿着圣湖的一侧排列着。黎明时分，在进入墓碑之前，祭司们都要走入 个长方形的用石头围起来的水库，用圣水清洁自己的身体

需要待在圣殿的密室里时，祭司会住在为他们特别准备的小屋子里。他们严格地保持身体上的纯洁：剃胡须和体毛，一日沐浴四次，只穿精美的亚麻布衣服，绝对不能穿皮毛衣服，必须用莎草做鞋。祭司们吃的食物都很清淡，并且会严格遵守那些饮食方面的禁忌。

祭司们参与日常的宗教仪式，基本的仪式都是在神庙内举行的。每当黎明来临，神庙里的神像被高级的祭司“叫醒”，祭司们进入圣殿，为神上贡、清洗、熏香和装点。在内庙的外面，祭司们带来贡品，唱着赞美歌，清洗着建筑。只有这样，感到满意的神才会继续帮助法老维持这个世界的秩序。

知识窗

运送神船

正如庙墙上所刻画的，大部分祭司只履行一些次要的职责，包括在游行时肩扛天空之船的模型，船上摆放着神像。位于卡纳克的柱廊式的阿蒙神庙里就有一幅浮雕，显示了佩戴面具的祭司们扛着下埃及的犬头神的雕像。在游行过程中队伍有时会停下来接受当地人民向神祈祷，或者呼唤神发布神谕。

卡纳克是埃及每年例行的大型游行的聚集地。奥帕特节有一部分节目就是一队祭司抬着节日的船只穿过狂欢者来到尼罗河，在那里他们搭上船只回到卢克索。

冥界的生活

古埃及人认为死亡并不是生命的终点，而是新生的开始。在去往来世的途中，生前用过的物品会陪伴他们，食物和饮料也会支持他们走完这段旅程。

古埃及人相信死亡只是一个间断而不是生命的终点，来生会有人间所有能够享受的快乐。这种来世生活可以通过很多手段获得，包括虔诚地对待神灵、将身体制成木乃伊，以及祭祀食物和保持死后仍然存在的精神形式。来生的快乐可以通过将尸体埋葬在一系列简单的葬礼器材中获得。最奢华的则是王室建造的雕梁画栋、华丽装饰的陵墓，里面食物、水、陪葬的仆人和其他物品一应俱全。

当然第一步是要保存好尸体。尸体首先用泡碱干燥，泡碱是埃及一种从天然苏打中提取的合成物质，然后要用油膏和树脂处理，最后用亚麻绷带包裹，有时绷带长达数百米。

历史档案

木乃伊面具

为了使死者在冥世也能被认出来，亚麻布包裹的尸体必须戴着表示死者最典型特征的面具。通常面具是将亚麻布涂上灰泥，使其变硬后再塑形，还要镀金，例如新王朝时期戴着秃鹰头饰的贵族所用的面具。传说神的肉体是由金子铸成，头发来自天青石，骨头来自银子。在冥世，死者希望能够具有像神一样的身体，所以他们死去的时候期望能尽可能地模拟神的外表。

知识窗

卡诺皮克罐子（Canopic jars）：

放置内脏的容器。人体的内脏经充分干燥后，用带着甜味的油膏涂抹，再像身体的其他部分一样用亚麻布包裹，最后放在一个叫作卡诺皮克的特殊容器里。这些罐子的名字起源于埃及三角洲的一个城市——卡诺帕斯（Canopus），在那里供奉神时需要一种人头形的罐子。罐子里的东西是由4位神灵守护的。卡诺皮克罐子摆放在死者身体的胸部，在葬礼队伍行进时绑在石棺后面。

①

人头形的伊姆塞特（Imsety）负责看管肝脏。

②

犬头形的杜米特夫（Duamu-tef）负责保卫胃。

③

猿头形的哈碧（Hapy）负责保护肺。

④

鹰头形的克布塞努夫（Qebe-hsenuef）负责照看肠。

阿努比斯与木乃伊

豺头神阿努比斯是墓地的看守者和灵魂的引导者，他也是木乃伊之神。传说他将冥王欧西里斯的尸体涂油防腐并用亚麻布包裹起来，使欧西里斯得到重生。

死者最典型的形象就是被制成木乃伊，**头和肩**被木乃伊面具遮盖

木乃伊存放**在狮形的棺材里**。远在古王朝时期，作为墓室的一部分，桌子和床也制成狮形

▼ 装饰陵墓

我们关于古埃及葬礼仪式的大部分知识都来自那些色彩丰富的壁画，例如这幅就显示了阿努比斯神的祭司将手放在死者身上作最后处理的样子。

它来自塞内杰姆（Sennedjem）的墓穴。塞内杰姆是公元前1200年生活在底比斯西部德尔麦迪那的贵族。整个陵墓描绘了很多他和妻子家庭生活的情景。

负责身体防腐的祭司们装扮成阿努比斯神的样子，他们会佩戴犬头面具，因为每个人死去的时候都希望像欧西里斯那样获得重生

用树脂涂抹身体使其变硬且防水，然后用**亚麻绷带**缠绕成木乃伊状。整个过程有时需要多达375平方米的亚麻布

▲ **心脏圣金龟**

祭司们在包裹木乃伊的亚麻布之间放置了许多护身符和咒符，例如乌加特之眼，即赫鲁斯之眼，保佑身体不受任何伤害。心脏圣金龟是最重要的护身符。它摆放在心脏上，上面刻着《死亡之书》（可以抵消未来危险的符咒的合集）的摘要，督促灵魂在接受神的冥世审判时，不要背叛它的主人

将制好的木乃伊放入石棺，器官密封在卡诺皮克罐子里之后，前往陵墓的葬礼游行就开始了。最重的物件，像石棺和罐子，都是放在橇上被拖到墓穴的。死者的亲戚和朋友，以及一长队的搬运工，由那些专业的哀悼者——哀号的妇女们陪伴着前行。所有死者在冥世生活所需的东西都要带上，包括衣服、珠宝、家具、香水和食物，有时还包括可以显示死者学识的书稿。所有这些，加上石棺和卡诺皮克罐子都将被密封在陵墓里。

死者的审判

在死者进入冥世之前，他必须先面对神圣的审判庭。他在人间的所作所为要通过由欧西里斯监督的42位神的审判。许多审判场景中都描绘了称心的仪式。在这一仪式中，心脏代表了一个人过去的行为，它与代表正义之神的羽毛比较重量。只有心脏与羽毛平衡或者比羽毛轻才算通过测试，死者才能得到永生。

知识窗

夏布提雕像

也被称为巫沙布提，即“答案”的意思，这些代表仆人的小雕像摆放在墓穴里为死者来生继续服务。它们被大量出土，而且质地也多种多样，包括陶器、木器和石器等。通常夏布提雕像是刻着《死亡之书》中文字的木乃伊，因为在《死亡之书》中它们被命令为它的主人完成所有必需的农业劳作。比较著名的雕像（右图）出土于新王朝时期图特摩西斯四世（Thutmosis IV）的妻子穆特维加（Mutemwija）的陵墓。有时，锄头和镢之类的工具，连同盛放谷物的篮子，也会与这些雕像一起出现。通常来说，一个墓穴中，夏布提雕像的数目是按照365天一天一个安排的，但有时王室的陵墓内的雕像数会远远大于这个数字。

出殡队列与葬礼祭品

出殡队伍中人数最多的是端着陵墓用品的仆人。他们运送死者在冥世生活可能需要的所有物品——从家具、珠宝、娱乐品到食物、水、香油，并将它们摆放在死者旁边。

木质的柜子里摆放着来生需要的贵重物品

家具，例如这张雕刻成狮子腿脚的装饰华丽的椅子，是要带入墓穴的物品之一

香油和油膏盛放在石头、彩陶或者玻璃材质的容器里

死者的亲戚和仆人们穿着**褶状白色亚麻质地的衣服**。被雇来为死者悲号的职业哀悼者通常都穿着淡蓝色的衣服

死者用的书写工具包括有装红、黑墨水的调色板，以及一些细芦苇笔，下面的支架摆着莎草纸。只有小部分古埃及人识字，他们大多是法老、贵族、书吏和掌握书写技能的政府官员

◀ **石棺**

木乃伊放在内棺或石棺中。截至中古时期，石棺都是棺材形的，但是到了新王朝时期就转变成了人形。图坦卡蒙的木乃伊身体保存在金质的内棺中，然后嵌在两层镶嵌金子的木棺中，他的内脏也装在有相似装饰的小型棺材内

“卡”“拔”和“阿赫”

对于埃及人来说，人是由五部分组成的，包括两个“有形”特征（名字和影子）和三个无形特征——“卡”（生命力量）、“拔”（人格）和“阿赫”（灵魂）。

“卡”在人出生的时候同时形成，创造神克奴姆经常被描绘成在他的陶轮上塑造着人的身体和“卡”的形象。人死后，“卡”会像人仍然在世一样继续存活，需要食物和水。食物祭品或者陵墓墙上死者的画像可以维持“卡”的生命，“卡”不需要真的吃掉祭品和画像，但是可以从中得到力量。葬礼的雕像是死者“卡”的形象，有时它们会带着“卡”的符号即形似举着的双臂的头饰。

“拔”就像人的性格一样是每个个体所独有的。然而，它也代表了能力，可以成为神，也可以成为死物，因此“拔”是某些神的肉体形式。例如神牛，就是欧西里斯的“拔”。为了使死者的身体能够存活到来生，它必须每晚和“卡”会合。而肉体是没有能力完成这个会合的，因此“拔”就必须履行这个会合的职责。

“阿赫”是死者在冥世存活的形式，是“卡”和“拔”的联合体。一旦联合形成“阿赫”，它就会成为“受到启示的灵魂”，不变地存活在永生中。

◀ **人头鸟**

“拔”这个字在象形文字中与鹳是一样的。迁徙的鸟类被认为是“拔”的化身，可以在陵墓与冥世之间来回飞行。因此“拔”经常被描写成一只人头的鸟，有时还有人的胳膊

▲ “拔”

人拥有了“拔”之后就不再孤独。神也有他们自己的“拔”，例如神牛就是欧西里斯的“拔”。埃及人认为“拔”是一种“物质存在”而不是“灵魂”，因此它有自己的需要，包括食物、饮料和性生活

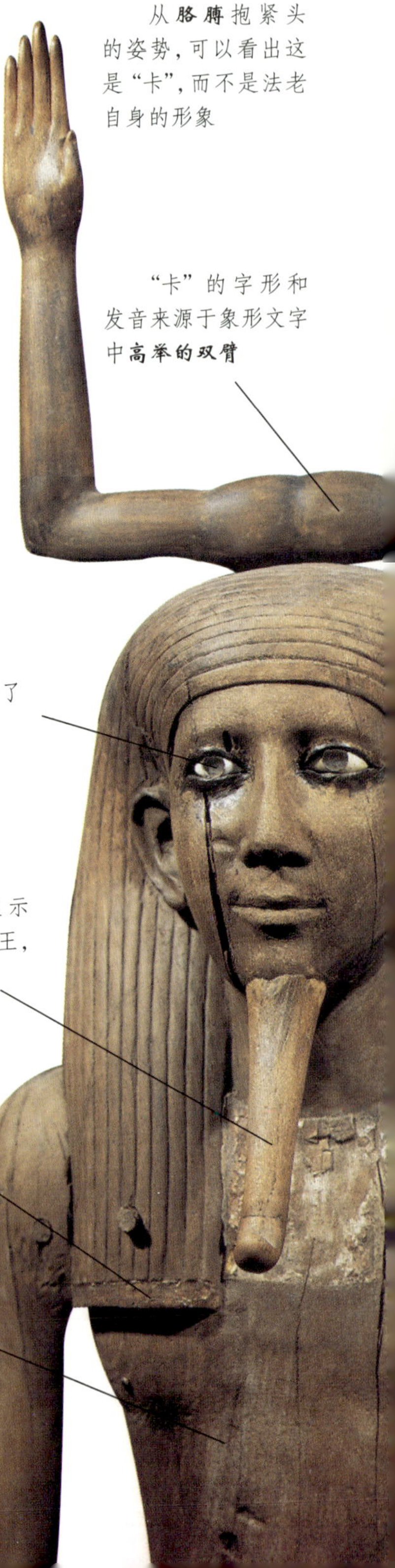

► 阿维布拉霍（Awibra Hor）的“卡”

考古人员在第十三王朝（公元前1795—公元前1650）时期统治代赫舒尔（Dahshur）的赫特（Hot）的陵墓里找到了“卡”的雕像。“卡”的符号——高举的双臂——被制作成头饰佩戴。这尊雕像高1.70米，是目前唯一被发现的描绘“卡”的立体雕塑

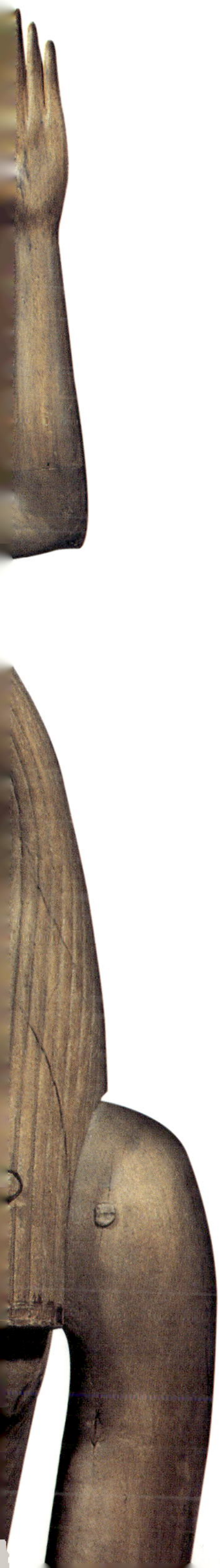

知识窗

雕像——身体的替代品

对埃及人来说，身体是人可以获得来生的一个重要因素。这就是身体被制成木乃伊并放入地下墓穴防止被盗墓的原因。尽管有这些防范措施，但人们仍然不能肯定尸体可以永远保存完好。因此埃及人雕刻死者的塑像，当身体不见后，塑像可以用来替代。

雕像可以支撑死者那些无形特征的组成，例如“卡”。“卡”可以在雕像中栖息，并依靠陵墓中供奉的祭品维持生命，继而保证死者在来世的生命。在古王朝时期的墓穴里，有一个无窗的房间——地下室（serdab，“cellar”的阿拉伯语名词），单独用于保存死者的雕像。

下图所示的法老乔赛尔（公元前2667—公元前2648年在位）的雕像来自他位于萨卡拉（Saqqara）的金字塔地下室。

▲ “阿赫”

灵魂或者“被祝福”的死者被称为“阿赫”，在象形文字中绘成有冠毛的鹭鸶。这一符号也用来表示“有用的”“有利可图的”“有效的”和“照耀”一类词语。当和“卡”“拔”联合起来以后，“阿赫”重新塑造人在来生的性格并且保证人可以永远生存下去

尸体防腐

埃及人拥有精细的木乃伊制作技术，可以保存死者的身体，灵魂在来生仍然可以与肉体结合。

直到公元4世纪，埃及还保留着将死者身体制成木乃伊的传统。在为死者哀悼之后，立即将死者的身体运到防腐房，在那里祭司们负责将身体制成木乃伊，这样可以将身体保存到来生再使用。

祭司们首先用金属钩打碎头盖处的一块骨头把大脑取出，然后用一种像石头状的黑色玻璃——黑曜石从身体的左侧切开，取出内脏单独保存，之后再和木乃伊合葬。胃腔用棕榈酒和香精洗净，填上没药粉和其他物质，然后缝好切口。最后为尸体抹上泡碱（一种来自苏打的合成物），放置晾干70天。

晾干后，尸体只剩下干瘪的肉和骨头，然后再清洁一次，擦上香油，用绷带包裹好。如果死者是贵族人物，会将金帽套在尸体的手指和脚趾上。画有象形文字以驱邪的金箔盘子通过身体的切口放在腹腔内，并且用珠宝来代替眼睛。

▶ “开嘴”仪式的器具

在防腐工作之后，祭司们将举行“开嘴”仪式以期保存死者生存的能力。这里展示的是一部分仪式中使用的器具。叉状器具是用来打开木乃伊的嘴，瓶子用来盛放圣油，而杯子则用来泼酒

阿努比斯——防腐者

祭司中有一位会佩戴犬形面具来代表阿努比斯神——木乃伊的守护人以及防腐者。

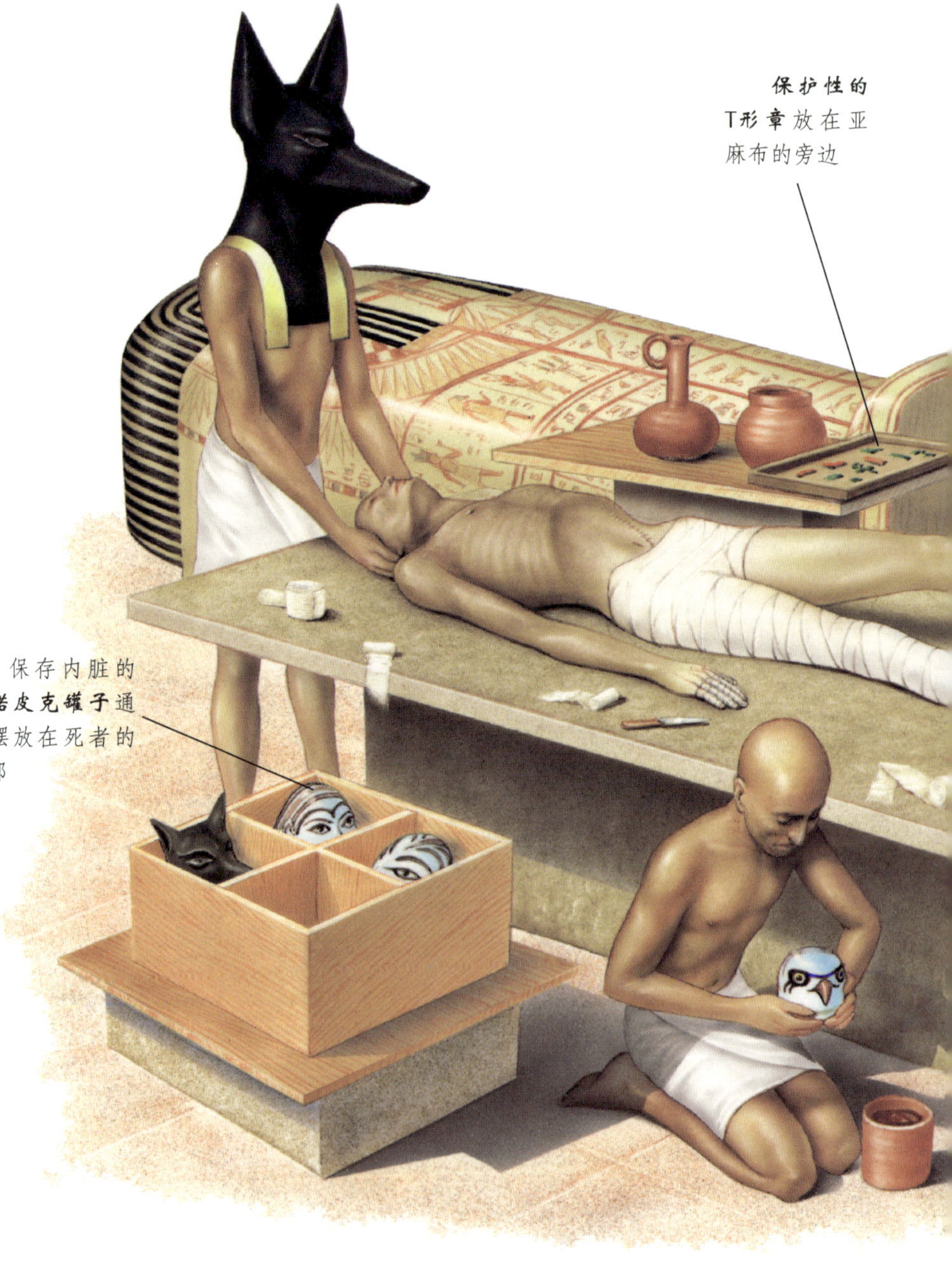

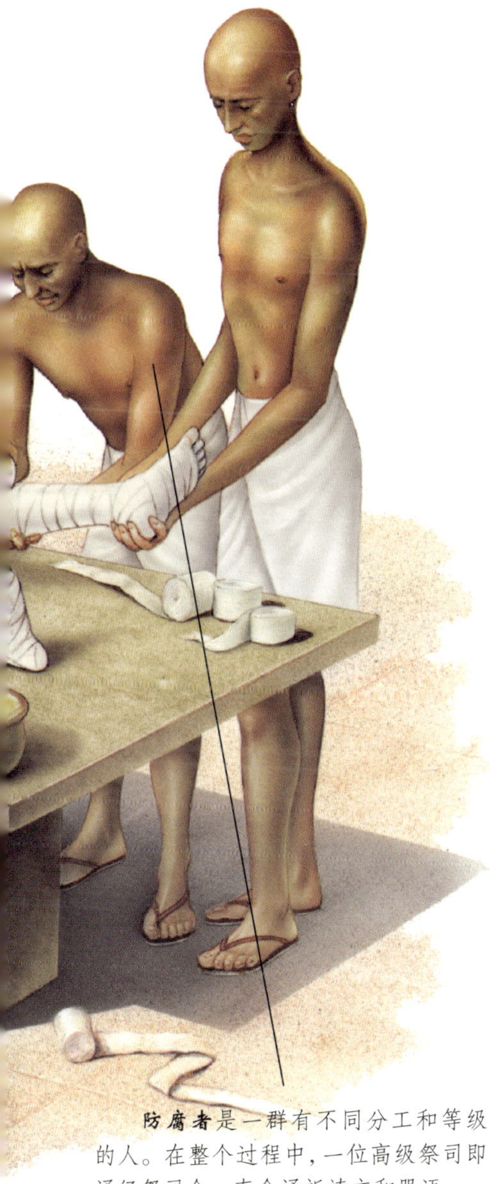

防腐者是一群有不同分工和等级的人。在整个过程中，一位高级祭司即诵经祭司会一直念诵祈祷文和咒语

▲ 死者的熏香

防腐油存放在雪花石膏制成的罐子里。“标签”的象形文字是很重要的，因为只有特定的油才能用于特殊的环节

▼ 保存内脏

胃、肠、肝脏和肺很容易腐烂，因此需要迅速从身体中取出并存放在卡诺皮克罐子中。这里展示的女性头像盖是在阿玛尔纳（Amarna）出土的第十八王朝时期的卡诺皮克罐子的盖子

相关链接 木乃伊的秘密生活

古埃及人相信死者的灵魂会回到身体里吸取养分。在早期的埃及，尸体被直接埋葬在炙热干燥的沙子里，是为最原始的木乃伊法。后来改用木质棺材来保护尸体，却发现这种做法只能加速腐烂，此后埃及人陆续掌握了关于保存尸体方面的知识。一些木乃伊甚至已经历经4 000—5 000年仍然被保存下来，尽管可能只剩下一些在保存过程中被熏黑的骨头和皮，就如同展示在意大利都灵的埃及博物馆中收藏的这具木乃伊（下图）。

古埃及人使用一种强力的化学试剂使尸体干瘪。在利比亚沙漠的瓦迪纳纯（Wadi Natrun）有着白色晶体状的碳酸钠矿产，这也是泡碱（natron）得名的起缘。尸体涂抹上泡碱后需再风干10个星期。

捆绑的木乃伊

一具被小心保存的木乃伊所用的亚麻绷带可能长达数百米。通常木乃伊最先包裹手指、手掌和脚，然后是四肢，最后是整个身体。绷带要浸润香油，并且在缠绕过程中要将护身符放在身体的重要部位再裹上绷带。包裹好后再涂上一层树脂，画上象形文字和神的形象。

继而在头部和肩部摆上一个面具。法老的面具通常是金箔制成的，其他人的面具用二次利用的莎草纸——用灰泥浸泡塑成薄层的亚麻，通常还镀金并绘画装饰——制成。最后将绑好的尸体放入棺材，外面还要套上石棺，这一传统源自中古时代末期。

相关链接　动物木乃伊

在古埃及，某些动物会被认为是神的化身，也被人们崇拜着。这些动物被饲养在神庙里，当它们死后也会被制成木乃伊埋在墓穴中。这种动物崇拜在公元最初几个世纪达到了顶峰。猫的木乃伊（右图）被葬在布巴斯提斯（Bubastis）、萨卡拉（Saqqara）、坦尼斯（Tanis）和底比斯的墓穴中，而图纳格贝尔（Tuna el-Gebel）则出土大量鹭鸶和狒狒木乃伊。

▼ 被女神守护

许多图画都曾展示棺材架上的木乃伊被摆放在帐篷底下，两头各站着一位女神——伊西斯和奈芙蒂斯

女神伊西斯，通常以鹰的形象出现，额头上还有她名字的象形文字

带有明亮图案的用**帆布**裁制成的帐篷遮盖着木乃伊的棺材架

女神奈芙蒂斯，和她的姐妹一样，是以鹰的形象出现的，她保护着木乃伊棺材架的顶部

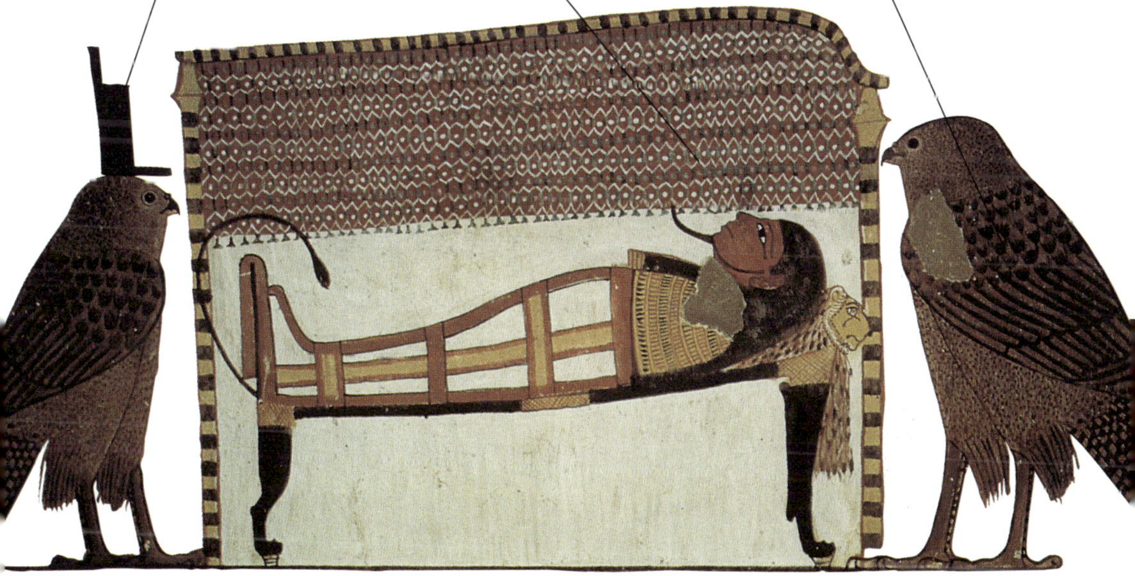

最早的棺材只是一些简单的木板结构，但是很快就变得比较精致。到了第十二王朝（公元前1985—公元前1795）时期，制造出了人形棺材。这些棺材里外都用大量的绘画和碑铭装饰，旨在帮助木乃伊重生。

法老的木乃伊至少用七套棺材，像俄罗斯套娃那样一层套一层地保护着木乃伊。棺材的内部通常是用金子打造的。最后一步就是将这些棺材放入陵墓中的石棺里。石棺不仅可以使木乃伊不受外界侵蚀，还可以防范盗墓人。

▼ 赫鲁斯之眼

将护身符包裹在木乃伊绷带里，是希望用神力来保护死者并帮助他重生。最常见的护身符之一就是乌加特之眼，即天空之神赫鲁斯的鹰眼，它被认为能够保护所有在它后面的事物

木乃伊和木乃伊面具

▶ 木乃伊面具

木乃伊面具的各部分是由二次利用的莎草纸制成的——将亚麻涂上灰泥再绘图装饰

双臂交错紧扣在胸前是在模仿死神欧西里斯的姿势

装饰性的盖子上将扣锁制成了**鹰头的形状**

▶ 被包裹的木乃伊

通常防腐者会以一种非常复杂的方式缠绕亚麻绷带，尤其是在脸部和头骨部分

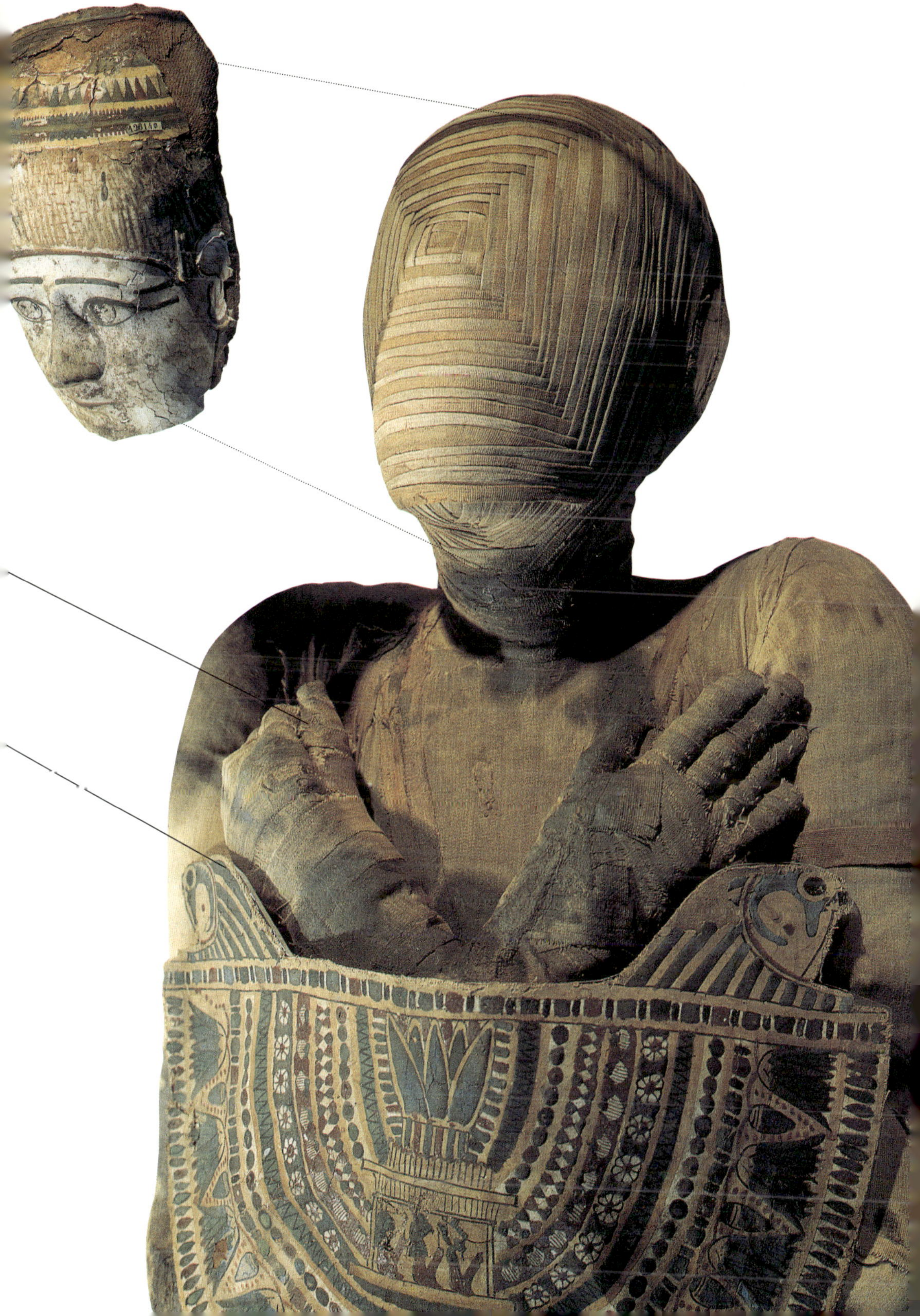

卡诺皮克罐子

卡诺皮克罐子用于保存死者的内脏，和石棺以及其他葬礼用品一起摆放在墓室里。它们被精心保护着，因为如同死者的身体，它们对死者是否能够有来生起到关键作用。

古埃及人相信死后有来生，人们非常用心地去保护死者的身体，以及重要器官。器官从身体内取出后小心地用泡碱处理，并放在一种被称为卡诺皮克罐子的容器里。罐子的名字来源于亚历山大附近尼罗河三角洲西部的卡诺帕斯（Canopus）镇（如今被称为阿布基尔，Abukir），在那里人们崇拜人头形的罐子，认为那是欧西里斯神的化身。当早期的埃及古物学家发现了装有死者器官的葬礼罐子时，他们认为这些罐子类似于卡诺帕斯用于供奉欧西里斯的罐子，由此将其称为卡诺皮克罐子。

◀ **图坦卡蒙的卡诺皮克柜子**

这个半透明的方解石做成的柜子里保存了4个装有图坦卡蒙器官的金质微型棺材。柜子里的4个隔间各有一个很雅致的方解石盖子，做成戴着蟒蛇与秃鹰头饰的法老（很可能是图坦卡蒙本人）头的形状。用微型棺材来代替卡诺皮克罐子是很少见的，一般只出现在王室的墓室中

▶ **卡诺皮克罐子的形状和形式**

卡诺皮克罐子的风格很多世纪以来都没有改变过。它们通常平底，颈部稍宽，用一个简单的塞子封口。后来塞子逐渐做成了与神（赫鲁斯的儿子们）相应的人或者动物的形状。雕刻在罐子腹部的文字表明了保护该器官的神的名字

赫鲁斯的儿子们

从新王朝时期（公元前1550—公元前1069）开始，卡诺皮克罐子的塞子就用来代表赫鲁斯的儿子们——内脏的守护者，以人和动物形象出现。

鹰头形的克布塞努夫（Qebe-hsenuef）保护肠

人头形的伊姆塞特（Imsety）看管肝脏

犬头形的杜米特夫（Duamutef）是胃的保护者

猿头形的哈碧是肺的保护者

木质的柜子常用来装卡诺皮克罐子

◀ **人头形的罐子**

在第一过渡时期（公元前2181—公元前2055），简单的圆锥形或者微凹形状的塞子被人头形的塞子所取代。这个制作于中古时期（公元前2055—公元前1650）带有人头形的绘图石罐子，现收藏于开罗的埃及博物馆

▼ **绘图装饰的柜子**

这个木质柜子，绘有象形文字和来自《死亡之书》中的一个场景，曾经用于保存现在摆放在它旁边的这4个卡诺皮克罐子。无花果树是比较常用来制作柜子的树种之一，当然王室和高层官员也偏爱用一些贵重的木头，如从黎巴嫩进口的雪松木。这些柜子通常摆放在石棺附近

冥界生活的食物

从史前历史末期开始到罗马末期法老文化的最终瓦解，埃及人始终都会在死者头部周围摆满食物和饮品，希望能够保证他们在冥界生存下去。

从古埃及人所作的祭文可以看出给死者提供食物的重要性，将死之人非常害怕在死后由于饥渴而无法拥有来生，这种恐惧正是古埃及人的祭祀仪式，以及根深蒂固的要为死者供奉祭品的传统的基础。供奉祭品的传统可以追溯到法老时期，将大罐大罐的谷物埋在死者身边以支持他去往来世的旅途。

人们为了满足死者的需求，会给木乃伊陪葬一顿真正的筵席——肉、蔬菜、水果、面包、葡萄酒、水和饮料。古王朝时期（公元前2686—公元前2181）的王室陵墓都有一些专门储存食物的墓室。

死者会给他的长子留下关于葬礼的指示，或者雇用一位祭司全权负责他的葬礼。葬礼很重要的一部分是每天将祭祀用的食物和饮料运到墓室。这样做可以维持死者“卡”的生存，它是会吸收祭品的生命力量。

▶ **祭品列单**

埃及的象形文字“hetep”（圆中），象征了祭品，源自一条面包放在芦苇垫上的特殊图画。这是古王朝时期祭品供桌的前身

◀ 有法力的肉

牛的左前腿是最先从牛身上割下的，用一种药粉浸泡之后，成为任何一种祭祀仪式都不可缺少的重要部分。真实的和象征性的割肉行为都是神庙供奉神的一种仪式，当然也是供奉灵堂里的死者的仪式

▶ 祭品桌

摆放祭品的桌子或者桌板通常雕刻着祭品的形状，可以保证当葬礼结束、停止供奉祭品之后，“卡”仍然能够得到足够的食物

牛的左前腿（埃及文是“khepesh”）经常被献给受尊敬的死者或者神

面包条有多种形状，这一条的形状显示出它是用陶罐烘焙成的

桌面上的刻槽就像排水沟，将泼洒在桌面上的代替酒的水排出

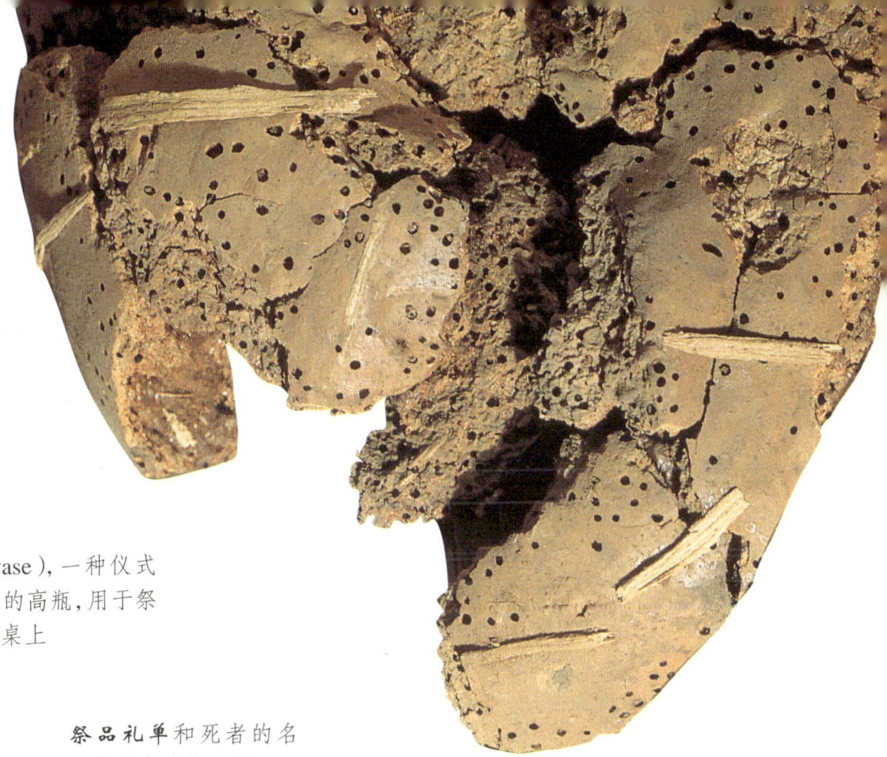

水瓶(hes-vase),一种仪式用的短颈长喷口的高瓶,用于祭神时将水泼在供桌上

祭品礼单和死者的名字被刻在供桌边缘一周

这种扁平的面包和如今此地区烤制的面包非常相似

一只拔过毛的鹅放在面包旁,和祭品桌上另一边的牛的左前腿对称放置

▲ 常见的祭品

面包是埃及人生活中的常见食品,它作为高级祭品一点也不令人惊讶。在祭祀仪式的最开始有这样一段话:"希望法老提供祭品:成千上万(条)的面包。"在这段文字中,"千"代表了无穷的意思。尽管几乎所有的面包都是由麦子做的,但是形状和食用方法却千差万别:浮雕和象形文字中可以看到超过30种不同的形状的面包。在有三四千年历史的墓穴中发现了一批数量可观的面包,它们被烤得又硬又干,且没有腐坏

▶ **禽祭品**

鹅、鸭、鸽子和鹌鹑是古埃及人日常喜爱的食物，但是祭品礼单中倾向于将它们以鸟类统称，而不是特别指出各自的种类。从古王朝时期开始，墓穴里常用人们在沼泽地里用网捕鸟，以及贵族们扔刺棍捕鸟的场景来装饰

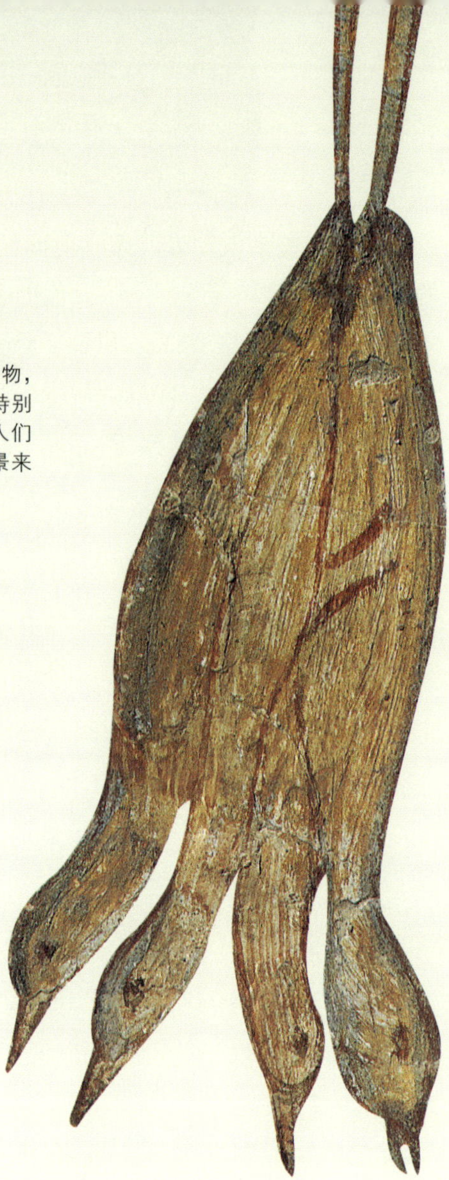

◀ **祭祀用的水**

一种特殊的水瓶专门用于祭神时将水泼在供桌上，其他液体——葡萄酒、啤酒和牛奶——都用罐子和双耳细颈圆土罐盛装，不用于泼洒祭奠。通常祭祀用品并没有其他用途，但是这种水瓶却需要精美制作。在神或法老的祭祀仪式上的水瓶常刻着金或银的脉络。这只水瓶出土于第二十一王朝法老苏森尼斯一世（Psusennes I，公元前1039—公元前991年在位）的墓穴中

起初，祭品是摆放在墓穴外面的一张芦苇席子上的。后来，祭品被摆放在连接墓室和丧室入口处的照壁前面的供桌上。埃及人并没有天真地相信他们的葬礼仪式可以永远进行下去，他们采取了措施以保证年代久远后即使人们遗忘了，仍然能够保证祭品的供应。他们求助于神奇的图像和文字，以及可以维持“卡”需要的食品的列表，当然还有实际的物品，因为他们认为“卡”实际需要的是灵气、思想和营养。

桌上的死者

墓画和墓雕最常见的主题之一，就是死者坐在摆满食物的供桌前面（用最典型的埃及手法描绘，就好像笔直地站在桌前），被一长串多种多样的供品环绕着。死者总是将右手伸向食物以表达吃的欲望。直到托勒密时期（公元前332—公元前30），这一主题仍然保持着，甚至在罗马帝王的石碑上都有所见。

◀ **葬礼礼堂的微缩模型**

这个小小的神殿是一个葬礼礼堂的微缩模型，里面用一个框架来支撑照壁，端立着死者及其家人的雕像。在底部摆放着一张供桌，上面刻着象形文字“hetep”，以及一些小物件以代表水壶和面包

◀ **桌子上**

在古王朝时期，照壁顶端的石板上描绘着死者在他的供桌上伸手去取面包的画面。面包应该是一条条整齐摆放在桌子上的，但是在画面上，这些面包却艺术性地被处理成直直地立着

蓝莲花散发出浓烈的香气，熏染了为这对夫妇供奉的祭品的味道

牛头被摆放在看起来更生动的前脚旁边

▼ 慷慨的祭品

中古时期（公元前2055—公元前1650）的一块墓碑上刻画了一位官员和他的妻子隔着供桌相望的情景。供桌上摆着高高成堆的食物，包括牛的头和腿、圆面包、家禽、一串洋葱和数篮蔬菜

象形文字“hetep”，看起来像摆在卷起来的芦苇席上的一条面包，用它来开启祭祀仪式

蔬菜和水果，例如生菜、洋葱和黄瓜，都是埃及人日常饮食中的一部分

图示的**鸭或鹅**穿在烧烤叉上准备烤

▼ 将食物摆放在供桌上

当仆人们搬运祭品时，他们通常一个接一个地走，但是在搬运摆满祭品的供桌时，就需要两个仆人来抬。祭品包括面包、小胡瓜和黄瓜，它们的数量和仆人比起来极不成比例。这显示了给死者带去足够粮食的重要性

▲ **新的富裕**

新王朝时期的供桌实际上都被各式各样的食物堆埋起来，但无论如何，一些像牛腿和鸟的传统祭品是一定要有的。这幅画来自一位曾经修建过王室陵墓的工人的墓穴，他出生并被葬在德尔麦迪那

出殡队伍

埃及的葬礼是一种仪式，允许生者为死者哀悼，帮助死者踏上去往来生的道路。出殡队伍的情形经常出现在墓穴的壁画上，尤其是新王朝时期(公元前1550—公元前1069)的墓。

对于热爱生命的埃及人来说，在阴间能够延续生命是极其重要的。王宫贵族死后，他的尸体会被制成木乃伊——历经70天的制作过程，此后才举行葬礼。木乃伊通常被放在一个有天篷的户外神殿里，然后被搁在船形的棺材架上，再由牛拖着架子下的橇去往墓地。

哀悼仪式

仆人、祭司和亲戚都会与出殡队伍随行。特别重要的是还要有那些专业的哀悼者——哀号的妇女一边唱着耶利米哀歌，一边捶胸顿足、头撞着地面(一种在北非一直延续至今的传统)。种类繁多的葬礼物品和食物也随出殡队伍被运送到墓穴与尸体一同埋葬。

相关链接　职业哀悼者

哀号的女人——靠她们的服务挣钱——是每个古埃及葬礼都必须有的重要存在。葬礼上，她们穿着淡蓝色的衣服，放下头发并撕扯着，顿足捶胸，大声痛哭，还把头撞向地面以表示悲哀。女人们已经仪式化的歇斯底里的形象在萨卡拉的霍伦海布(公元前1323—公元前1295年在位)陵墓的浮雕(右图)上被刻画得栩栩如生。男人们则用一种不太夸张的方式来表达自己的哀伤：在一段时间内停止剃发或剃须。

▼ **神圣的棺材**

在图坦卡蒙陵墓的葬室里发现的这幅画，描绘了法老的棺材停在一个用神蛇装饰的有天篷的神殿里。棺材摆在船形的棺材架上，而棺材架则放在橇上，由队伍前面的牛拉着

女神奈芙蒂斯
站在棺材的一端保护着死去的法老

▶ **带领出殡队伍**

在法老和高级官员的葬礼上，显赫的贵族会走在放着棺材的橇的前面。例如这里的长老，可以通过他的随从和与众不同的斗篷被辨认出来

象形文字将图坦卡蒙化为欧西里斯神。像欧西里斯一样，这位死去的法老也能够在来世得到重生

贵族和朝臣们头扎礼仪用的白色绷带，脚穿白色便鞋，以示哀悼

哀悼者用绳子帮忙拉住前面的牛拖着的橇

上下埃及的两位元老（秃头的）就在拉着圣棺的那群朝臣里面

威普瓦威特（Wepwawet），犬形神，他名字的意思是“开路人”，负责保护死者去往冥界，出现在船形棺材架船首的旗帜处

▼ **悲伤的女儿**

新王朝时期的贵族伊布基（Ipuky）的女儿试图用双手拦下行进中的父亲的葬礼，一个哀号的女人向她伸出了怜悯之手

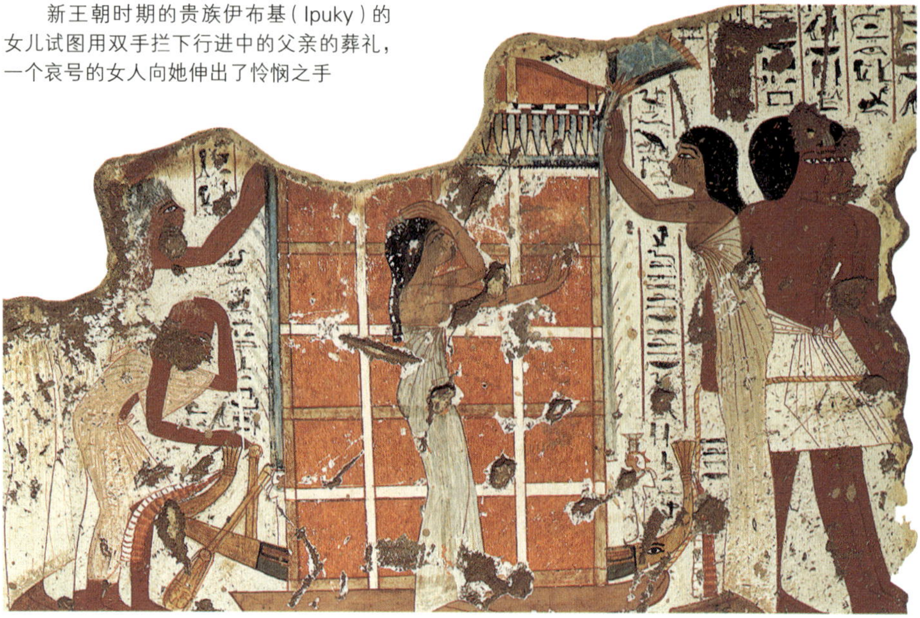

出殡队伍经常沿着尼罗河行进。从那里可以乘船到达河的西岸，这一过程象征着死者从阳界（即尼罗河东岸）到阴界（即西岸）的路程。

开嘴仪式

在西岸的墓地中，一座陵墓已经事先准备好迎接木乃伊的到来。在尸体被埋葬之前，还需要举行一些特定的仪式。最重要的就是“开嘴”仪式，它的过程非常繁杂，涉及施咒和净化，以及将木乃伊涂上油以保存死者个人的能力，使其在来世能够重生。

最后的分离

最终，木乃伊要被放进棺材，再放进墓室。卡诺皮克罐子和为死者提供的食物，连同陪葬的家具，也都一齐放入墓室，然后再请当地的泥瓦匠将墓穴封起来。

葬礼之后，家人和客人为了祭奠死者会共享宴席，家属以死者的名义准备了食物、葡萄酒和啤酒。宴会在陵墓外面举行，通常是在一个特殊的帐篷里面。

▲ **死者灵魂的祭品**

长老拉莫斯（Ramose）的墓穴中还有这样的画面：痛哭的女人们由4个穿着红黄长袍、戴着同色假发的女人领着，有两个向死者呈献上作为祭品仪式用的碗

▶ **拉莫斯陵墓的家具摆设**

底比斯长官以及阿肯纳顿（公元前1352—公元前1336年在位）统治时期的长老拉莫斯的墓穴中描绘了这样的情景：死者希望来生和生前生活得一样好，所以他生前所需要的一切物品都要摆放在他的墓穴中

一些罐子大概是盛满了油、葡萄酒和油膏

一个仆人抬着一个柜子和在宗教仪式中需要穿的豹皮

鸵鸟羽毛扇粘在木质或金属质地的把手上

精心布置的软床，加上一个黑色的靠枕（在床尾）是不可缺少的

▼ **中古时期的哀悼者**

中古时期（公元前2055—公元前1650）的职业哀悼者穿着白色束腰外衣，凭这一点就可以与新王朝时期的同行们区分开来。但是她们表达悲痛的方式仍然是一样的

知识窗

横跨尼罗河的旅程

要到达尼罗河西岸的墓地，出殡队伍必须乘船过河。这一横跨的过程象征了死者从阳间到阴间即“西方极乐”冥间的路途。

承载死者的船被称为neshmet，那是统治死者的欧西里斯神的船。在横渡尼罗河时，死者要象征性地朝拜欧西里斯的陵墓所在地阿拜多斯（Abydos）。

在底比斯出土的第十三王朝时期的耐夫霍特普（Neferhotep）陵墓（小图）中描绘有出殡队伍渡过尼罗河的场面，还有随行的哀悼者、官员和亲戚。画中详细地展现出带桨的船承载着棺材架的景象。

开嘴仪式

开嘴仪式由一系列精细的动作和咒语组成，可以唤起死者的能力以保证他在来世的生存。

从最原始的时代开始，古埃及人就把死亡当作是生命的暂时中断。他们相信永恒的生命是可以由许多方法保障的，包括虔诚的朝拜神灵、将尸体制成木乃伊，以及陪葬物品。开嘴仪式是古埃及人葬礼仪式最重要的部分之一——使死者在来世也可以听见、看见、呼吸和汲取营养。

复杂的仪式

这个典礼仪式最初只是赋予死者的雕像以人的生命属性，支持死者的“卡”。到了古王朝时期，它逐渐从一个雕像的仪式进化到对于木乃伊本身施礼以保存死者嘴、眼、耳和鼻的功能的仪式。这一复杂的仪式是在死者的墓穴里举行的，涉及众多程序，包括净身、熏香、涂油和施咒，当然还要触摸木乃伊的各个部分，以期各种感觉能得到复苏。

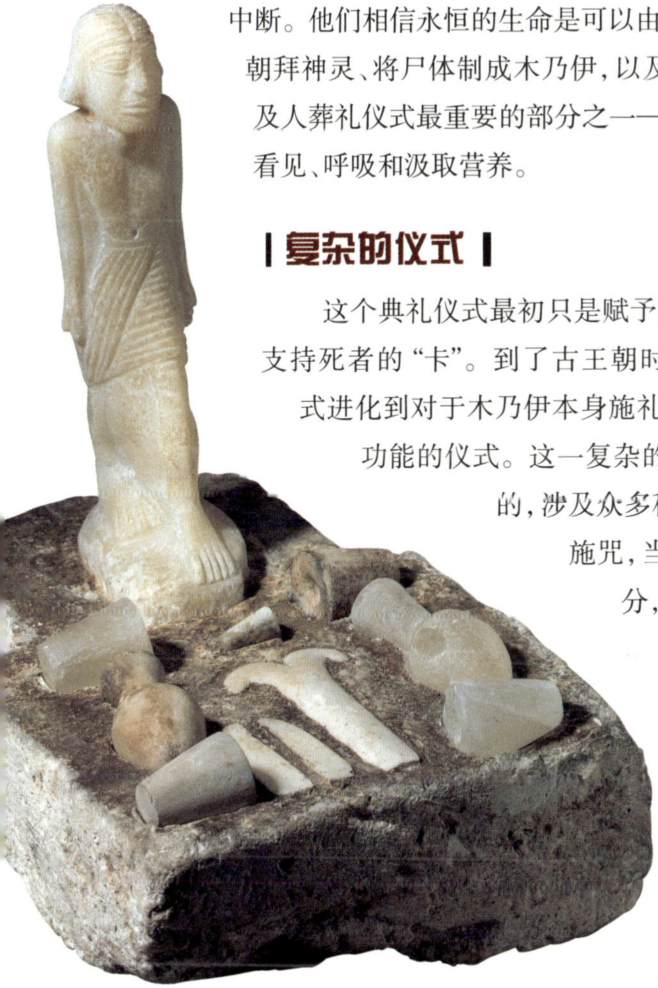

◀ **仪式用具**

用于开嘴仪式的物品被摆放在雕像前面，它们是死者的象征，鱼尾形刀是其中的一种

◀ **木乃伊归来**

女神伊西斯和奈芙蒂斯将水和油膏泼在死者身体上，接着阿努比斯就用仪式用的扁斧开始进行开嘴仪式

用于净化的**水罐**是由祭司呈献的

殡葬祭司穿着传统的豹皮，主持仪式

扁斧被放在木乃伊的口中，使死者可以复活

▼ 汉尼弗尔（Hunefer）的开嘴仪式

这幅小插图来自第十九王朝时期（公元前1295—公元前1186）一位高级官员汉尼弗尔的墓穴里出土的纸莎草文书上。死者的木乃伊身体由阿努比斯支撑竖直站立着，痛哭的女人们哀悼着汉尼弗尔的死亡，祭司则烧着熏香并用各种器具执行仪式

▲ **陵墓前的仪式**

当尸体制成木乃伊后，会在陵墓中举行开嘴仪式。大多数情况下，殡葬祭司会主持这个仪式，但有时死者的儿子或者后嗣出于最后的孝行也可以主持仪式

祭司和仪式用具

通常开嘴仪式是由穿着与众不同的豹皮外袍的殡葬祭司或者死者的儿子或继承人来完成的。这样可以帮助死者通过唤起赫鲁斯与重生的欧西里斯之间的联系，紧紧依附于这位冥界之神。从新王朝时期（公元前1550—公元前1069）开始，犬头死神阿努比斯常常以仪式主角的形象，被描绘在墓穴的画上或莎草纸文书上。

开嘴仪式中会用到许多不同的器具。罐子和瓶子分别用于盛放净化的水和涂身体用的油，而扁斧、凿子和刀这样的物件都放在身体的不同部分用来唤醒他们。不仅如此，祭祀用的牛的腿和心脏要指向木乃伊，也许是希望能够将动物的力量和生命力传递给死者。

知识窗

开嘴仪式的场面

这幅完美保存的华丽绘画出土自底比斯的瑞克米拉（Rekhmira）墓穴。瑞克米拉是第十八王朝时期（公元前1550—公元前1295）图特摩斯三世统治下的一位长老。这幅画最早揭示了开嘴仪式的每步程序。

仪式开始时，殡葬祭司首先要进行净身，他将水泼向木乃伊，燃烧泡碱和熏香，然后再用小指触碰木乃伊的嘴。接着祭司用仪式中最重要的用具之一——开嘴刀，放在死者嘴上。在死者的冥世生活中令身体的这个部分复活是很重要的，因为它使死者可以取食。

再接着就要宰杀祭祀用的动物，常常是牛。动物死后会被立即肢解，祭司用它们身体的特定部位，通常是心脏或大腿，来打开死者的嘴和眼睛。

祭祀典礼在开嘴仪式之后举行。食物和饮料摆放在木乃伊前面的供桌上，并诵读祭品列单（拉丁文称hetep-di-nesw），用来祈祷将食物带给死者。此时死者已经为来世做好充足准备，可以下葬了。

▼ **图坦卡蒙陵墓的壁画**

在这幅壁画上，阿伊（Ay，公元前1327—公元前1323年在位）穿着豹皮外袍，主持着图坦卡蒙（公元前1336—公元前1327年在位）的开嘴仪式。这也是阿伊继承王位的一种方式

死去的法老的名字被列在名字徽框内

一碗碗用来净化的熏香被摆放在图坦卡蒙身体前面

鸵鸟羽毛也是祭司用来复活死者的用具之一

▲ **木质器具**

在开嘴仪式中，祭司用手指状的木质器具碰触死者的嘴和眼睛，使其苏醒复活

穿着豹皮外袍的阿伊扮演着殡葬祭司的角色

宰杀后的**牛腿**摆在两个法老之间

▼ **祭司赫鲁斯**

这幅第十九王朝时期一位工头赛内杰姆(Sennedjem)陵墓里的壁画，显示赫鲁斯神正在为赛内杰姆主持开嘴仪式

▲ **心脏作为祭品**

在葬礼中，有时用牛的心脏碰触木乃伊的眼睛和嘴，如上图所示。古埃及人认为牛是力量、阳刚和生育的象征

称心仪式

每一个古埃及人都希望在死后能像死神欧西里斯一样得到重生，并进入他的冥国。但是在此之前，死者必须经历神圣的审判，检查他在人间时的所作所为。

对死者进行审判的观念起源于中古时期，但在那时，只有当死者犯了某些特殊的罪行或违法行为，才需要进行审判。到了新王朝时期早期，对死者的审判产生了一种新的形式。从那时起，所有的死者包括法老自己都要接受审判，过程中包含了称心仪式，那时心脏被认为是智慧、情感和良知的源头。

公正的法庭是由欧西里斯自己主持的。对死者最后的审判是《死亡之书》第125章的主题。《死亡之书》是写于新王朝时期初期的葬礼文章，也是来世生活最重要的指导之一。下页中，一幅巨大的装饰图案详细精确地描绘了称心仪式的过程。

▶ **尸体保存**

为了拥有来生，必须将尸体涂油防腐并放置在石棺中。正是在这种神奇的玄武岩制成的石棺里，杰梅尼奥巴克维奇尔选择面对来生

对死者的审判

在称心仪式上，将代表死者过去所为的心脏与象征正义的羽毛比较重量。只有当死者成功地通过测试，他才能开始永恒的生命。

这里用**象形文字**来表达《死亡之书》第125章的内容

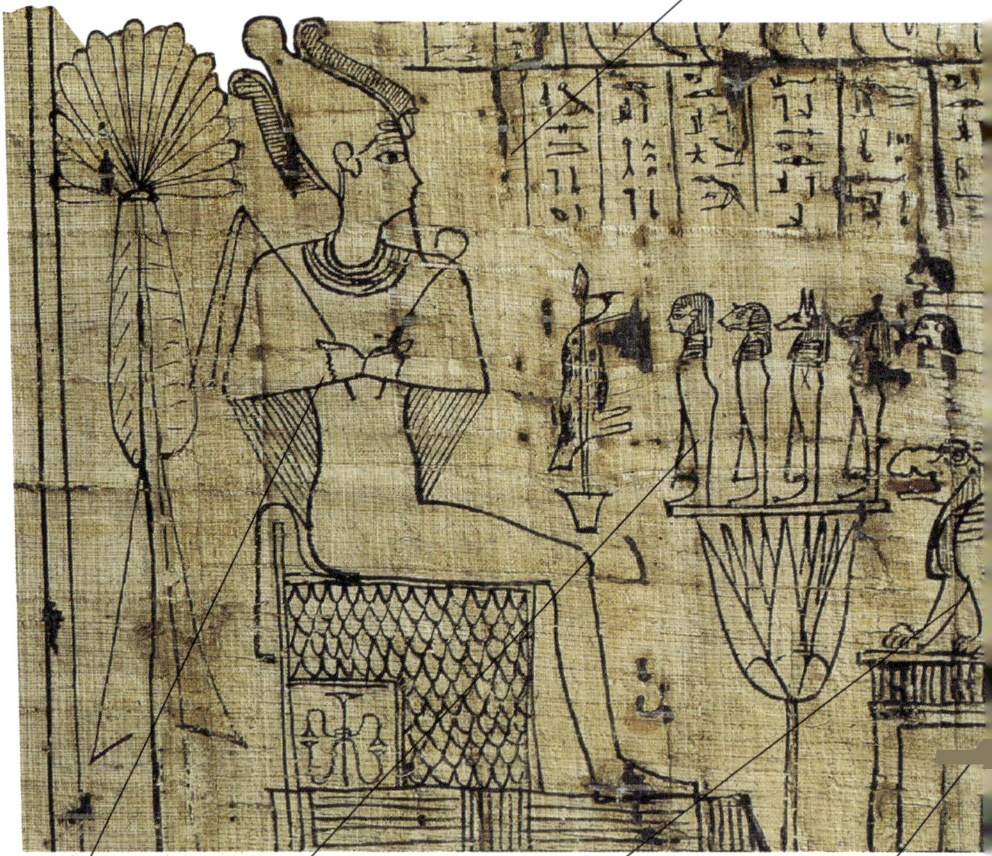

坐在王位上的**欧西里斯**，主持着审判法庭，但是首先要等待托特宣布测试的正式结果

立在莲花上的**赫鲁斯的儿子们**站在欧西里斯面前，他们是死者内脏的守护神

阿姆特（Ammut），尸体的吞噬者，等待着吞食那些心脏比羽毛重的死者

棍子或节杖，是王权的象征，它与很多神有关，并且常常出现在法老或者高级官员的手中

犬头神阿努比斯陪伴着死者来到正义法庭，在那里举行称心仪式

死者被乐队带领进入审判厅

托特，红鹭头神，负责记录心脏称重的结果

赫鲁斯，鹰头的天空之神，保证天平的精确性

托特，这次以狒狒形象出现，栖息在天平顶端

阿努比斯将用天平来比较心脏与羽毛的重量

▲ **正义的羽毛**

真理正义女神玛特，通常以鸵鸟羽毛或者戴着羽毛头饰的小雕像的形象出现在天平之上。如果死者活着的时候，能够了解并且遵守神圣的法律，那么他的心就会和羽毛重量一样，天平保持平衡，他也就能得到永恒的生命

► **死者审判的准备**

在进入正义法庭之前，死者要经历一系列神圣的仪式，还要向神们供奉莲花作为祭品。莲花代表了出生与复活，因为它们在早晨开放、夜晚闭合

知识窗

对死者的审判——永恒的主题

对于死者的审判，即施恶者受责罚、行善者受奖赏，并不只属于古埃及文化。古希腊和古罗马神话中都提及了这一点，并将其描述为“天堂”和“地狱”。基督教传承了古代的部分信仰。在《启示录》一书中，不仅最后的审判被详尽地描写出来，而且每个人死后的命运——进入天堂或地狱，也被仔细叙述。在中世纪，许多教堂和著作的主题都是一个圣徒，例如圣徒迈克尔(St. Michael)，拿着天平在称人灵魂的重量。下面所示的这幅13世纪西班牙壁画就是一个例子。

欧西里斯——死神

欧西里斯被兄弟塞特杀死后，他的妻子伊西斯保存了他的尸体使他得到重生。但是，欧西里斯并没有回到他当初的统治地，而是成为死神——如果人们遵守他的教义，死后就可以得到永生。

▼ **法老王欧西里斯**

图坦卡蒙陵墓里出土的胸饰上，将少年法老描绘成在女神瓦吉特和奈库贝特保护下的欧西里斯。这个胸饰一般不会在生前穿戴，基本可以肯定是用作陵墓祭品的

眼镜蛇女神瓦吉特，下埃及神，如同女神奈库贝特一样，她也用双翼来保护欧西里斯

阿特夫王冠代表白王冠，两侧边各由羊角支撑起一根鸵鸟羽毛

连枷和钩子作为王权的符号，它显示了欧西里斯曾经是埃及法老

女神奈库贝特与瓦吉特的雕像放置在**篮状的基座上**

附1：古埃及主要神灵简表[*]

名字	简介
A	
阿毕斯	神牛
阿波菲斯	蛇神
阿顿	太阳神，阿肯纳顿时期主神
阿芙洛狄特	希腊女神
阿蒙	太阳神
阿蒙-拉	阿蒙和拉的合体，宇宙的缔造者
阿摩斯	阿蒙的妻子
阿姆特	尸体吞噬者
阿努比斯	死神，欧西里斯与奈芙蒂斯之子，豺狼头
B	
贝斯	小矮神
贝斯特	猫女神
布塔	工匠守护者
D	
得墨忒尔	希腊女神
狄俄尼索斯	酒神
杜米特夫	赫鲁斯之子
G	
盖布	大地之神，休和泰芙努特之子，努特的丈夫
H	
哈碧	肺部的守护者，赫鲁斯之子，狒狒头
哈罗埃里斯	赫鲁斯的别称

* 本表根据本书中内容整理，为一家之说，谨供读者参考。——编者注

哈索尔	爱之女神，赫鲁斯的妻子，拉的女儿
赫卡	巫术之神
赫鲁斯	天空之神，欧西里斯和伊西斯之子，猎鹰头

K

凯布利	圣甲虫人
克布塞努夫	赫鲁斯之子
克奴姆	公羊神
孔斯	月神

L

拉	太阳神
拉-阿托姆	拉和阿托姆的合体
拉-赫拉克提	拉和赫鲁斯的合体
雷内努特	蛇女神

M

门图	战神，鹰头
米恩	丰收之神
姆特	阿蒙的妻子

N

奈芙蒂斯	死神守护者，伊西斯的姐妹
奈库贝特	秃鹫女神，上埃及的守护者
努恩	浑水之神
努特	天空女神，休和泰芙努特之子，盖布的妻子

O

欧西里斯	冥神，复生之神，伊西斯的丈夫

S

塞尔科特	蝎子神
塞赫迈特	雌狮女神
塞斯哈特	掌管文字、测量和著作的女神
塞特	邪神，欧西里斯的兄弟
索贝克	鳄鱼神

T

泰芙努特	雨水之神，休的妻子
托特	写作之神、智慧之神

X

休	风神，泰芙努特的丈夫

Y

雅典娜	希腊女神
伊姆塞特	赫鲁斯之子
伊西斯	欧西里斯的妻子
伊希	赫鲁斯和哈索尔之子

附2：古埃及历史年表*

（含部分法老在位时间）

前王朝时期：公元前5500年—公元前3100年

内加达文化第一阶段（又称阿姆拉时期）：公元前4000年—公元前3500年

内加达文化第二阶段（又称格尔塞时期）：公元前3500年—公元前3100年

早期王朝时期：公元前3100年—公元前2686年

第一王朝：公元前3100年—公元前2890年

第二王朝：公元前2890年—公元前2686年

古王朝时期：公元前2686年—公元前2181年

第三王朝：公元前2686年—公元前2613年

萨那赫特：公元前2687年—公元前2667年在位

乔赛尔：公元前2667年—公元前2648年在位

第四王朝：公元前2613年—公元前2494年

斯尼夫鲁：公元前2613年—公元前2589年在位

胡夫：公元前2589年—公元前2566年在位

迪耶迪夫拉：公元前2566年—公元前2558年在位

哈夫拉：公元前2558年—公元前2532年在位

门卡拉：公元前2532年—公元前2503年在位

谢普塞斯卡弗：公元前2503年—公元前2498年在位

第五王朝：公元前2494年—公元前2345年

第六王朝：公元前2345年—公元前2181年

---

* 古埃及历史悠久，年代划分尚无定论，本表为一家之说，谨供读者参考。——编者注

特提：公元前2345年—公元前2323年在位

佩皮一世：公元前2321年—公元前2287年在位

第一过渡时期：公元前2181年—公元前2055年

第七和第八王朝：约公元前2181年—公元前2160年

第九和第十王朝：约公元前2160年—公元前2055年

中古时期：公元前2055年—公元前1650年

第十一王朝：公元前2055年—公元前1991年

曼图霍特普二世：公元前2055年—2004年在位

第十二王朝：公元前1985年—公元前1795年

辛努塞尔特一世：公元前1965年—公元前1920年在位

辛努塞尔特二世：公元前1880年—公元前1874年在位

第十三王朝：公元前1795年—公元前1650年

第十四王朝：公元前1750年—公元前1650年

第二过渡时期：公元前1650年—公元前1550年

第十五至十七王朝：约公元前1650年—公元前1550年

新王朝时期：公元前1550年—公元前1069年

第十八王朝：公元前1550年—公元前1295年

图特摩斯一世：公元前1504年—公元前1492年在位

图特摩斯三世：公元前1479年—公元前1425年在位

哈塞普苏女王：公元前1473年—公元前1458年在位

阿蒙霍特普二世：公元前1427年—公元前1400年在位

阿蒙霍特普四世（阿肯纳顿）：公元前1352年—公元前1336年在位

图坦卡蒙：公元前1336年—公元前1327年在位

霍伦海布：公元前1323年—公元前1295年在位

第十九王朝：公元前1295年—公元前1186年

塞提一世：公元前1294年—公元前1279年在位

拉美西斯二世：公元前1279年—公元前1213年在位

第二十王朝：公元前1186年—公元前1069年

拉美西斯三世：公元前1184年—公元前1153年在位

拉美西斯六世：公元前1143年—公元前1136年在位

拉美西斯九世：公元前1126年—公元前1108年在位

拉美西斯十世：公元前1108年—公元前1099年在位

拉美西斯十一世：公元前1099年—公元前1069年在位

第三过渡时期：公元前1069年—公元前747年

第二十一王朝：公元前1069年—公元前945年

苏森尼斯一世：公元前1039年—公元前991年在位

苏森尼斯二世：公元前959年—公元前945年在位

第二十二王朝：公元前945年—公元前715年

舍松契一世：公元前945年—公元前924年在位

奥索孔一世：公元前924年—公元前889年在位

第二十三王朝：约公元前818年—公元前715年

帕迪巴斯特：公元前818年—公元前793年在位

第二十四王朝：约公元前727年—公元前715年

古埃及末期：公元前747年—公元前332年

第二十五王朝：公元前747年—公元前656年

第二十六王朝：公元前664年—公元前525年

第二十七王朝：公元前525年—公元前404年

第二十八王朝：公元前404年—公元前399年

第二十九王朝：公元前399年—公元前380年

第三十王朝：公元前380年—公元前343年

第三十一王朝：公元前343年—公元前332年

古希腊—罗马时期：公元前332年—公元395年

托勒密王朝时期：公元前332年—公元前30年

托勒密一世：公元前305年—公元前285年在位

托勒密五世：公元前205年—公元前180年在位

托勒密七世：公元前80年—公元前51年在位

罗马时代：公元前30年—公元395年